U0107098

Jorge Luis
Borges

Borges on writing

博尔赫斯，写作课

[阿根廷] 豪尔赫·路易斯·博尔赫斯 著

[美] 丹尼尔·哈尔彭 诺尔曼·托马斯·迪·乔瓦尼 弗兰克·麦克沙恩 编

王人力 译

上海译文出版社

目　录

导　言

　　博尔赫斯的作品玄而又玄，错综复杂。为数不少的读者对此兴趣浓厚，忘记了每一个作家所面对的问题，博尔赫斯同样不可避免——该写些什么，该如何取材。这或许是每一个作家所面对的根本任务，它将影响作家的风格，塑造作家的文学自我。

　　博尔赫斯作品所涉主题广泛，但是从他最近的作品中可以看到，他又回到了他写作的原点。博尔赫斯年轻时生活在布宜诺斯艾利斯北边的巴勒莫郊区。他新发表的短篇小说集《阿莱夫》和《布罗迪报告》，都是以他的这段生活经历为基础的。在一篇发表在一九七〇年的长篇自传随笔中，城市的这一片地区在博尔赫斯笔下都是些"矮小的房屋，无人的空地。我常把这一地区称为贫民窟，但又不完全等同于美国人心目中的贫民窟。在巴勒莫区居住着一些衣衫破旧、举止文雅的人士，更多的是形形色色不堪入目的群体。还有一些是巴勒莫流氓帮派，称为阿根廷帮 [1]。他们持刀斗殴，名声在外。这样的巴勒莫只是在后来抓住了我的想象力，当时我们竭力对此视而不见，而且的的确确做到了"。

博尔赫斯出身显贵，是阿根廷爱国志士的后裔，血脉中流淌着英国人的血，祖先是战斗英雄。发现自己生活在日益衰落的社区，触目所见都是新世界的原始粗鄙，他为之心痛。这原不是他的过错。在巴勒莫，文明与野蛮之间的争斗日复一日。这就是作家的经典处境。

有一个时期，博尔赫斯在他的文学生涯中，有意识地将巴勒莫排斥在外。差不多每一位年轻的作家，对他们周边的生活都是避之唯恐不及。博尔赫斯觉得巴勒莫死气沉沉，有辱脸面。父亲讨厌、母亲泼辣、街坊颓败、邻里无聊，谁会对这些感兴趣呢？于是年轻作家往往把主题转移到异国情调

---

1 compadritos，指祖上一辈曾参加阿根廷反西班牙独立战争的年轻人。他们借助长辈的功绩，在社会上结帮成派，相互殴斗。

上，精雕细琢，情节复杂，行文晦涩。

在一定程度上，博尔赫斯也是如此。虽然他围绕布宜诺斯艾利斯写了一些短篇，但是他大部分的注意力集中在纯文学性的主题上。他曾经说"我一生中缺乏生与死的经历"，又说自己曾受害于"文学的躁动"。躁动的结果可想而知，体现在他早期作品中。他说，有一段时间，他尝试"猿猴学人，模仿两位巴罗克风格的西班牙作家，克维多和萨阿维德拉·法哈多。这两位十七世纪的西班牙作家，秉承了类似托马斯·布朗爵士[1]《瓮葬》的那种写作风格，但行文僵硬、枯燥，又是西班牙的。我呕心沥血用西班牙语写拉丁文，全书错综复杂，通篇说教，最终不堪重负，坍塌而垮"。接着，他尝试了另一种方法：凡是能找到的阿根廷人用语，他都塞进作品中，正如他自己所说："用了太多的方言土语，让许多自己的同胞坠入雾里云里。"

后来，博尔赫斯把注意力转向了巴勒莫的郊区生活。这个转变过程，虽然是某种成熟的证明，却仍然是个谜，令人

1　Sir Thomas Browne（1605—1682），英国医生、作家。《瓮葬》讨论古人丧葬之道，以及对死者的看法。

费解。在早期大部分作品中的迷宫、镜子、对于时间和现实的哲学思考之后，他渐渐回归自己的后院。他把这一过程描写为"回归理智，尝试写一些合乎逻辑、读者易于理解的作品，而不是大段浓丽的辞藻，让读者眼花缭乱"。博尔赫斯的后院就是我们的后院，它是现代城市，这对我们来说才是重要的。布宜诺斯艾利斯是二十世纪城市中心的原型，没有历史和个性，没有印加或阿兹特克的废墟，没有古罗马广场，没有雅典卫城。布宜诺斯艾利斯，就像洛杉矶、加尔各答、圣保罗、悉尼，是一座向周边扩张的城市，期待人们用文字来表达。

但是，在他着手描写自己的后院之前，他必须把沉年积渣扫除干净。总之，他必须压缩高乔人[1]的浪漫主义色彩，高乔人被认为代表阿根廷人的性格。取材容易的当地色彩，造就了大部分高乔文学，博尔赫斯必须打破这种依赖。为此，他作了简单的观察：广袤的潘帕草原，就他而言，不过是"无边无际的距离"，那里"相距最近的房屋在地平线上亦是

---

1 Gaucho，主要居住在南美阿根廷、乌拉圭大草原的游牧民，亦为南美牛仔，多为西班牙人和印第安人混血后裔。他们性格豪放，骑术精湛，生活放荡不羁。

朦朦胧胧"。至于高乔人，他们不过是庄稼人而已。

此类的初步工作一旦完成，乡村景象一旦还原，他就能够如法照搬，观察城市。在这个过程中，他成了城市的代言人。这是他的作品受到普遍青睐的一个原因所在。他的观察直接明白，始终如此。看一眼他的句子，就一目了然。这是他三年前写的《罗森多·华雷斯的故事》的开场：

> 那天晚上快十一点了，我走进玻利瓦尔街和委内瑞拉街拐角处的一家杂货铺，如今那里是酒吧。[1]

请注意文中的可信度：他没有说酒吧位于城中偏僻地区，或者没有人气的地区；而是说，酒吧在玻利瓦尔街和委内瑞拉街的街角上，相当于说位于克里斯托弗街和第七大道[2]的街角上，或者瓦巴斯街和门罗街[3]的街角上。他给你的这个世界

---

1 此处引用王永年译文，收录于《布罗迪报告》（王永年译，上海译文出版社，2015年）。本书中出现的博尔赫斯作品选段，均出自上海译文出版社出版的《博尔赫斯全集》。

2 Christopher Street, Seventh Avenue，位于美国纽约的两条街道。

3 Wabash, Monroe，位于美国芝加哥的两条街道。

是真实的世界；它不是假的，不是一堆没有完全消化的神话，或者东拉西扯的当地色彩。同时，请注意写酒吧的这一笔，这个酒吧的一部分曾经是杂货店。这表明作者在此生活已久，熟悉他要写的东西。你们可以信任他。

同样的寥寥数笔，同样的自信，他推出了这样一个人物：

> 一八九一年，本哈明·奥塔洛拉十九岁。他是个结实的小伙子，前额狭窄，浅色的眼睛显得很坦率，性格却像巴斯克人[1]那样横暴。[2]

三言两语的外表勾勒，就把阿根廷人主要的生活气质给概括出来了。

博尔赫斯的自我突破，对身处各地的读者和作者，有着重要的意义。他让人们明白，他们能够直面自己的生活经历，不必为此有一丝一毫的羞耻。博尔赫斯最近写道："我已经放弃了巴罗克风格中内在的种种惊奇，也放弃了导致结局难以

1　Basque，欧洲最古老的民族，主要分布在西班牙北部的比利牛斯山脉地区。
2　收录于《阿莱夫》（王永年译，上海译文出版社，2015年）。

预测的种种意外。总之，我倾向于让人们的期待得到满足，而不是让他们震惊。有许多年，我曾经想，只要变化无穷、标新立异，也许会成就一页好文字；如今，年过七十，我相信我终于找到了自己的声音。"

博尔赫斯是一个世界级的作家，因为他熟悉写作的条条框框，知道如何打破、什么时候打破这些条条框框。在一个文字不断遭受攻击的时代，他的文学生涯就是解开文字的束缚，赋予它新的活力，并为此进行长期不懈的努力。他是语言的魔术师，如同所有最优秀的变戏法的人、诗人一样，一旦戏法揭穿，诗文出口，他会让我们感到，这原来一直存在，在我们心中的某个地方，只是没能表达出来而已。有关博尔赫斯，墨西哥作家卡洛斯·富恩特斯[1]曾经写道，没有他的散文，也就没有今天南美的现代小说。

而且博尔赫斯的影响力超越拉丁美洲的范围，他帮助了来自世界各地的作家。正是这个原因，他在一九七一年春季应邀去哥伦比亚大学，为硕士写作班的学生做了多次讲学。

1　Carlos Fuentes（1928—2012），墨西哥作家。

由于失明，他无法亲自阅读学生的作品。在他的同事、他作品的翻译者诺尔曼·托马斯·迪·乔瓦尼的帮助下，他讨论自己的作品，并且通过例子帮助了其他人改进他们的作品。每次讲学，博尔赫斯和迪·乔瓦尼要花两个小时左右，听众是学生和教师，范围尽可能小，在一定程度上确保课堂上的无拘无束。

　　为避免不必要的重复，决定每次讲课主要围绕一个主题：谈写小说，谈写诗歌，谈翻译。在座的人，每人分发博尔赫斯的短篇小说《决斗（另篇）》[1]，他写的六首诗，以及迪·乔瓦尼和其他人翻译的博尔赫斯作品的各种范例。在谈写小说的讲座上，迪·乔瓦尼一行一行地读小说，博尔赫斯想加以评论，或想讨论其中的技巧，才去打断他。随后，进入例行的对话，博尔赫斯着手讲解，他是如何一步一步地把素材转变为一个故事的。

　　谈写诗歌的讲座也采取了相同的方法。迪·乔瓦尼慢慢朗读博尔赫斯的诗，让他有时间加以评论。在提问阶段，博

1　收录于《布罗迪报告》。

尔赫斯讨论传统诗体韵律形式的实用性，讨论一个人了解自己文学遗产的必要性。

在谈翻译的讲座上，迪·乔瓦尼很自然地或多或少成了直接讲述人。迪·乔瓦尼讲述了他们两人如何一起合作，把博尔赫斯的短篇小说和诗歌用英语表达出来。这三次讲座，每次都很随意。博尔赫斯的幽默、谦虚，迪·乔瓦尼的直率、朴实使得课堂气氛轻松愉快。因此，这三次讲座让哥伦比亚大学的学生和教师有机会看到一个重要作家作品的详细剖析，又受益于作者自己的评论。

这本书的文字以这三次讲座的录音稿为底稿。为保留实际讲座的原汁原味，尽可能不作任何编辑。

博尔赫斯在最后一次访问该校的文学院后，出席了为他和写作班师生共同举办的招待会。在这次招待会上，他泛泛地谈到了布宜诺斯艾利斯和纽约年轻作家的困境，发言收入书后附录。

一九七二年六月于纽约

第一部分
小　说

小说讲座以博尔赫斯短篇小说《决斗（另篇）》为基础。

决斗（另篇）

多年前一个夏天的傍晚，小说家卡洛斯·雷伊莱斯[1]的儿子卡洛斯在阿德罗格对我讲了下面的故事。长期积怨的历史及其悲惨的结局如今在我记忆里已和蓝桉树的药香和鸟叫混在一起。

我们和往常一样，谈论的是阿根廷和乌拉圭混乱的历史。卡洛斯说我肯定听人提到胡安·帕特里西奥·诺兰其人，他以勇敢、爱开玩笑、调皮捣乱出名。我撒谎说知道这个人。诺兰是一八九〇年前后去世的，但人们仍常像想念朋友似的想起他。也有说他坏话的人，这种人总不缺少。卡洛斯把他许多胡闹行为中的一件讲给我听。事情发生在泉城战役前不久，主角是塞罗拉尔戈的两个高乔人，曼努埃尔·卡多索和卡曼·西尔韦拉。

他们之间的仇恨是怎么形成的，原因何在？那两个人除了临终前的决斗之外没有惊人的事迹，一个世纪以后怎么能勾起他们隐秘的故事？雷伊莱斯父亲家的一个工头，名叫拉德雷查，"长着老虎般的胡子"，从老辈人嘴里听到一些细节，我现在照搬过来，对于它们的真实性信心不是很大，因为遗忘和记忆都富有创造性。

曼努埃尔·卡多索和卡曼·西尔韦拉的牧场是毗连的。正如别的激情一样，仇恨的根源总是暧昧不清的，不过据说起因是争夺几头没有烙印的牲口或者是一次赛马，西尔韦拉力气比较大，把卡多索的马挤出了赛马场。几个月后，两人在当地的酒店里一对一地赌纸牌，摸十五点；西尔韦拉每盘开始时都祝对手好运，但最后把对手身边的钱统统赢了过来，一枚铜币都没给他留下。他一面把钱装进皮带兜，一面感谢卡多索给他上了一课。我认为他们那时候几乎干了起来。争

1　Carlos Reyles（1868—1938），乌拉圭小说家，著有长篇小说《塞维利亚的魅力》《高乔人弗洛里多》《该隐的种族》，短篇小说集《多梅尼科》《戈雅的任性》和散文集《天鹅之死》《激励》等。

吵十分激烈，在场的人很多，把他们拆开了。当时的风气粗
犷，人们动辄拔刀相见；曼努埃尔·卡多索和卡曼·西尔韦
拉的故事独特之处在于他们无论在傍晚或清晨不止一次地会
动刀子，而直到最后才真干。也许他们简单贫乏的生活中除
了仇恨之外没有别的财富，因此他们一直蓄而不泄。两人相
互成了对方的奴隶而不自知。

　　我不知道我叙述的这些事究竟是果还是因。卡多索为了
找些事做，并不真心实意地爱上了一个邻居的姑娘塞尔维利
安娜；西尔韦拉一听说这事，就按自己的方式追求那姑娘，
把她弄上手，带到牧场。过了几个月，觉得那个女的烦人，
又把她赶走。女人一气之下去投奔卡多索，卡多索同她睡了
一夜，第二天中午把她打发走了。他不愿要对手的残羹剩饭。

　　在塞尔维利安娜事件前后，那些年里又出了牧羊犬的事。
西尔韦拉特别宠爱那条狗，给它起名"三十三"[1]。后来狗失踪

1　1825 年，乌拉圭独立运动领袖拉瓦列哈上校率领三十三名乌拉圭爱国者在阿
　　格拉西亚达海滩登陆，在当地数百名志士协助下围困蒙得维的亚，宣布独立，
　　队伍逐渐扩大到两千人，击败了巴西占领军。为纪念这一事件，乌拉圭有两
　　个省分别命名为"拉瓦列哈"和"三十三人"。

了，在一条沟里发现了它的尸体。西尔韦拉一直怀疑有人投了毒。

一八七〇年冬季，阿帕里西奥[1]革命爆发时，他们两人正好在上次赌牌的那家酒店。一个巴西混血儿率领了一小队骑马来的起义者向酒店里的人动员，说是祖国需要他们，政府派的压迫再也不能忍受，向在场的人分发白党标志，大家并没有听懂这番话的意思，但都跟着走了，甚至没有向家人告别。曼努埃尔·卡多索和卡曼·西尔韦拉接受了命运的安排；当兵的生活并不比高乔人的生活艰苦。幕天席地枕着马鞍睡觉对他们并不是新鲜事；他们习惯于宰牲口，杀人当然也不困难。他们想象力一般，从而不受恐惧和怜悯的支配，虽然冲锋陷阵之前有时也感到恐惧。骑兵投入战斗时总能听到马镫和兵器的震动声。人们只要开始时不负伤就以为自己刀枪不入了。他们认为领饷是天经地义的事。祖国的概念对他们比较陌生；尽管帽子上带着标志，他们为哪一方打仗都一样。他们学会了使用长矛。在前进和后撤的行军过程中，他们终

1　Aparicio（1814—1882），乌拉圭军人，1871年率领白党起义，在泉城被击败。

于觉得虽然是伙伴，仍旧可以继续相互为敌。他们并肩战斗，但据我们所知，从不交谈。

一八七一年秋季闷热难耐，他们的气数已尽。

战斗前后不到一小时，是在一个不知名的地点进行的。地名都是历史学家们事后加上的。战斗前夕，卡多索蹑手蹑脚走进指挥官的帐篷，低声请求说，如果明天打胜仗，留个红党俘虏给他，因为他迄今没有砍过人头，想试试究竟是怎么回事。指挥官答应了他，说是只要他表现勇敢，就让他满足这一心愿。

白党人数较多，但对方武器精良，占据山冈有利地形把他们杀得死伤狼藉。他们两次冲锋都没能冲上山顶，指挥官受了重伤，认输投降。对方应他的要求，就地杀死了他，免得他受罪。

白党士兵放下了武器。指挥红党军队的胡安·帕特里西奥·诺兰十分繁琐地布置了惯常的俘虏处决。他是塞罗拉尔戈人，对于西尔韦拉和卡多索之间的夙怨早有所闻。他把两人找来，对他们说：

"我知道你们两人势不两立，早就想拼个你死我活。我有个好消息告诉你们，太阳下山之前，你们就能表明谁是好汉。我让你们每人脖子上先挨一刀，然后你们赛跑。上帝知道谁获胜。"

把他们押来的士兵又把他们带了下去。

消息很快就传遍整个宿营地。诺兰事先决定赛跑是下午活动的压轴戏，但是俘虏们推出一个代表对他说他们也想观看，并且在两人之中一人身上下赌注。诺兰是个通情达理的人，同意俘虏们的请求；于是大家纷纷打赌，赌注有现钱、马具、刀剑和马匹，本来这些东西应该及时交给遗孀和亲戚的。天气热得出奇，为了保证大家午睡，活动推到四点钟开始（他们花了好大劲才叫醒西尔韦拉）。诺兰按照当地白人的风俗，又让大家等了一小时。他和别的军官们谈论胜利，马弁端了马黛茶进进出出。

泥土路两边帐篷前面是一排排的俘虏，坐在地上，双手反绑，免得他们闹事。不时有人骂娘，一个俘虏开始念祈祷文时，几乎所有的人都显得吃惊。当然，他们抽不了烟。现在他们不关心赛跑了，不过大家还是观看。

"他们也要吹我的灯。"一个俘虏含着妒意说。

"不错，不过是成堆干的。"旁边一个说。

"跟你一样。"对方顶了他一句。

一个军士长用马刀在泥土路上画一道横线。西尔韦拉和卡多索给松了绑，以免影响他们奔跑。两人相距四米左右。他们在起跑线后面站好，有几个军官请求他们别对不起人，因为对他们的希望很大，押在他们身上的赌注可观。

西尔韦拉由混血儿诺兰处置，诺兰的祖辈无疑是上尉家族的奴隶，因此沿用了诺兰这个姓；卡多索由一个正规的刽子手处置，那是一个上了年纪的科连特斯人，为了让受刑人安心，他总是拍拍受刑人的肩膀说："别害怕，朋友，娘儿们生孩子比这更遭罪。"

两人身子朝前倾，急于起跑，谁都不看对手。

诺兰上尉发出讯号。

混血儿诺兰为自己担任的角色骄傲，一激动手下失掉了准头，砍了一条从一侧耳朵连到另一侧耳朵的大口子；科连特斯人干得干净利落，只开了一个窄窄的口子。鲜血从口子里汩汩冒出来；两个人朝前跑了几步，俯面趴在地上。卡多索摔倒时伸出胳臂。他赢了，不过也许自己根本不知道。

迪·乔瓦尼：你们每个人手里都有一份《决斗（另篇）》的副本，但是自我们一年多前翻译这个故事以来，博尔赫斯还没有听过。我打算先读一读，帮助他回忆。博尔赫斯想评论的时候，随时可以打断我。

《决斗（另篇）》：多年前一个夏天的傍晚，小说家卡洛斯·雷伊莱斯的儿子卡洛斯在阿德罗格对我讲了下面的故事。

博尔赫斯：这么说吧，这只是对实际发生的事情的陈述。我从别人那里也听说了这个故事，但是同时提两个人的名字和两个人物有些尴尬，我就略去另一个朋友不提。阿德罗格对我来说非同寻常，因为它代表着我的童年和我的青春。这是我父亲生前最后去的地方，我对它有着非常美好的记忆。阿德罗格位于布宜诺斯艾利斯南部，曾经是一个环境宜人的小镇，如今却被公寓楼、车库和电视给毁了。在那个年代，大花园别墅比比皆是，即使迷了路，也有乐在其中的感觉。阿德罗格像是一座迷宫，没有平行的街道。雷伊莱斯是乌拉圭著名小说家的儿子。

迪·乔瓦尼：长期积怨的历史及其悲惨的结局如今在我记忆里已和蓝桉树的药香和鸟叫混在一起。

博尔赫斯：我认为这是明白无误的，不需要任何评论。

迪·乔瓦尼：我们和往常一样，谈论的是阿根廷和乌拉圭混乱的历史。

博尔赫斯：是的，这是因为乌拉圭东岸共和国的历史和我们自己的历史无疑形影相随。事实上，我祖父博尔赫斯出生在蒙得维的亚[1]。他在卡塞罗斯战役[2]中与罗萨斯[3]作战时，才十五六岁。

迪·乔瓦尼：卡洛斯说我肯定听人提到胡安·帕特里西奥·诺兰其人……

博尔赫斯：是的，事实上……不，恰恰相反，他是我虚构的，因为我的故事需要第三个角色，所有其他人都是巴西人或西班牙人的名字。为了让整件事富有当地色彩，我将他

---

1 Montevideo，乌拉圭首都，也是乌拉圭政治、金融、文化中心和交通枢纽。

2 Battle of Caseros，发生在十九世纪中叶的阿根廷，由地方首领结成的联盟一举击垮布宜诺斯艾利斯省的独裁者罗萨斯，推翻了他的政权。

3 Juan Manuel de Rosas（1793—1877），阿根廷军事和政治领导人，1835—1852年布宜诺斯艾利斯省的独裁统治者。1852年在卡塞罗斯战役中，他统帅的政府军被联军击败，被迫流亡英国。

虚构成一个爱尔兰人，或者一个爱尔兰人的儿子，帕特里西奥·诺兰。我想帕特里西奥·诺兰够爱尔兰的。

　　迪·乔瓦尼：卡洛斯说我肯定听人提到胡安·帕特里西奥·诺兰其人，他以勇敢、爱开玩笑、调皮捣乱出名。

　　博尔赫斯：从某种意义上说，我预言了未来，因为你们很快就会发现，他说的是什么样的笑话。我希望你们也会留下一个印象，这是一个相当残忍的国家，我要讲的故事在那里被认为是一个笑话。

　　迪·乔瓦尼：我撒谎说知道这个人。诺兰是一八九〇年前后去世的，但人们仍像想念朋友似的想起他。也有说他坏话的人，这种人总不缺少。卡洛斯把他许多胡闹行为中的一件讲给我听。

　　博尔赫斯：他说这是一个胡闹行为，可是当你们发现这是个什么样的胡闹行为时，你们会大吃一惊，因为它远远不止胡闹那么简单。

　　迪·乔瓦尼：事情发生在泉城战役前不久……

　　博尔赫斯：泉城战役代表了乌拉圭的革命，称为"阿帕里西奥战争"。

迪·乔瓦尼：……主角是塞罗拉尔戈的两个高乔人，曼努埃尔·卡多索和卡曼·西尔韦拉。

博尔赫斯：卡曼是一个女人的名字，但是对于高乔人来说，起一个女人的名字是相当普遍的，只要名字不以 a 结尾。所以，一个高乔人可以叫卡曼·西尔韦拉。但是他们既然都是冷酷无情的人物，所以我认为其中一个应该有一个男人的名字。当然，他们真实的名字已被遗忘，因为他们都是些默默无闻的高乔人。

迪·乔瓦尼：……曼努埃尔·卡多索和卡曼·西尔韦拉。

博尔赫斯：因此，你看到两个葡萄牙人，更确切地说，巴西人的名字。这类名字在乌拉圭很常见，在阿根廷则不常见。同时，我也在试图融入当地的色彩和真实感。

迪·乔瓦尼：我想在这儿问你一个问题。这是一个真实发生的故事吗？真的是卡洛斯·雷伊莱斯的儿子告诉你的吗？

博尔赫斯：是的，他告诉了我这个故事，但是我还得编一些详情细节，为人物取个名字。他只是讲到"两个高乔人"，但是那太笼统了，所以我取了我认为合适的名字——卡多索和西尔韦拉。

23

迪·乔瓦尼：所以你虚构了起着重要作用的诺兰？

博尔赫斯：正如你已经看到的，我不得不去虚构一些东西，但这个故事是真实的，我听说两次了。

迪·乔瓦尼：他们之间的仇恨是怎么形成的，原因何在？那两个人除了临终前的决斗之外没有惊人的事迹，一个世纪以后怎么能勾起他们隐秘的故事？

博尔赫斯：我在这儿玩了一个由来已久的文学手法——声称对许多事情一无所知，让读者对其他一些事信以为真。不管怎么说，就这件事而言，这是真的，我对这场世仇确实一无所知。

迪·乔瓦尼：雷伊莱斯父亲家的一个工头，名叫拉德雷查……

博尔赫斯：确实有这样一个工头。雷伊莱斯告诉我关于他的事，因为这个名字很奇怪，挥之不去。拉德雷查（La derecha）在西班牙语里的意思是"右手"。

迪·乔瓦尼：……"长着老虎般的胡子"……

博尔赫斯：这也是雷伊莱斯说的。

迪·乔瓦尼：……从老辈人嘴里听到一些细节，我现在照搬过来，对于它们的真实性信心不是很大，因为遗忘和记忆都富有创造性。

博尔赫斯：我想，这都是真的。我不时酌情添加观察到的细枝末叶，不至于讲一个没血没肉的故事。

迪·乔瓦尼：这是我们一起翻译小说时，你和我一直说到的"标记"。

博尔赫斯：没错，我一直在重复这种旧把戏。

迪·乔瓦尼：另一个故事《佩德罗·萨尔瓦多雷斯》[1]的第二句，是这样写的："我认为最好是叙述时不加评论，不添枝加叶，不作任何没有根据的猜测。"

博尔赫斯：但我想，其他作家还有其他的手法，不是吗？

迪·乔瓦尼：其他标记。

博尔赫斯：是的，每个人都有自己的标记——或者是别人的标记，因为我们好像一直都在抄袭。

迪·乔瓦尼：曼努埃尔·卡多索和卡曼·西尔韦拉的牧场是毗连的。正如别的激情一样，仇恨的根源总是暧昧不清的，

1　收录于《为六弦琴而作·影子的颂歌》（林之木、王永年译，上海译文出版社，2016年）。

不过据说起因是争夺几头没有烙印的牲口或者是一次赛马，西尔韦拉力气比较大，把卡多索的马挤出了赛马场。

博尔赫斯：这种事情常常发生，所以我没有在这里虚构不可能发生的情节。据我所知，我说的是实话。我不得不解释两人之间的仇恨——毕竟故事就是关于这个——两个高乔人用他们那种认真的态度憎恨对方。高乔人不善言辞。

迪·乔瓦尼：几个月后，两人在当地的酒店里一对一地赌纸牌，摸十五点。

博尔赫斯：我想我教不了你们怎么玩，我身边没有西班牙式扑克牌。而且，我玩牌手气不好。不过，我已经玩过很多回了，错不了。

迪·乔瓦尼：西尔韦拉每盘开始时都祝对手好运，但最后把对手身边的钱统统赢了过来，一枚铜币都没给他留下。

博尔赫斯：这种事我自己在布宜诺斯艾利斯看到过，发生在一个布宜诺斯艾利斯人和一个来自内陆省份的人之间。来自布宜诺斯艾利斯的人叫尼古拉斯·帕雷德斯，另一个人来自拉里奥哈省，接壤安第斯山脉。帕雷德斯不停地向对方表示祝贺。他说，作为布宜诺斯艾利斯人，他对这种游戏一无所知，他真正地上了一课。最后他却赢了大约一百比索，并感谢对方。我给了我的高乔人同样的特点。一个赌客赢了，向另一个赌徒表示祝贺，以此来嘲笑他。"谢谢你，先生，给我上了一课。现在，我抱歉地说，我得接受你的一百比索。"

迪·乔瓦尼：他一面把钱装进皮带兜……

博尔赫斯：那是高乔人放钱的地方——在皮带里。

迪·乔瓦尼：……一面感谢卡多索给他上了一课。我认为他们那时候几乎干了起来。争吵十分激烈，在场的人很多，把他们拆开了。当时的风气粗犷，人们动辄拔刀相见。

博尔赫斯：这种事甚至在行吟歌手中也时有发生。两个男人在一场吉他弹唱赛事中，一个人会突然走出去，一言不发。然后，场上的一个也会离开，发现另一个在外面鬼鬼祟祟，他们会拔刀一决高低。他们会从一场对决走向另一场对决——从吉他到匕首，都是他们的工具。

迪·乔瓦尼：曼努埃尔·卡多索和卡曼·西尔韦拉的故事独特之处在于他们无论在傍晚或清晨不止一次地会动刀子……

博尔赫斯：我不得不虚构这种离奇的说法，因为如果不是这样，两个挥刀自如的人，两个互相憎恨的人，怎么可能没有一决高低呢？因此，我不得不虚构这些情形，同时予以解释。

迪·乔瓦尼：而直到最后才真干。也许他们简单贫乏的生活中除了仇恨之外没有别的财富……

博尔赫斯：这是我自己编的，就像白衣骑士[1]是编出来的一样。

迪·乔瓦尼：……因此他们一直蓄而不泄。

博尔赫斯：是的。想到一个高乔人或牛仔，你会想到浪漫的生活，但对生活其中的那些人来说，此类生活并无浪漫可言。他们认为这不过是一天的工作，或者，据我所知，懒洋洋的一天。

迪·乔瓦尼：两人相互成了对方的奴隶而不自知。

博尔赫斯：因为当你恨一个人时，你会一直想着他，从这个意义上说，就成了他的奴隶。当我们坠入爱情时，也会同样如此。

---

1 White Knight，常见于中世纪文学中，被描绘成一个与邪恶作战的英雄，犹如我们常说的路见不平、拔刀相助的人。

迪·乔瓦尼：我不知道我叙述的这些事究竟是果还是因。卡多索为了找些事做，并不真心实意地爱上了一个邻居的姑娘塞尔维利安娜。

博尔赫斯：塞尔维利安娜不是一个常用的名字，除了在高乔人中。

迪·乔瓦尼：西尔韦拉一听说这事，就按自己的方式追求那姑娘，把她弄上手，带到牧场。过了几个月，觉得那个女的烦人，又把她赶走。

博尔赫斯：这是通常的做法。

迪·乔瓦尼：女人一气之下去投奔卡多索，卡多索同她睡了一夜，第二天中午把她打发走了。

博尔赫斯：他和她度过了一个晚上，因为他是个男人。但自那以后，他不想与她有任何瓜葛，因为她是他敌人的情妇。

迪·乔瓦尼：他不愿要对手的残羹剩饭。

博尔赫斯：我想，人们完全可以理解这一点。

迪·乔瓦尼：在塞尔维利安娜事件前后，那些年里又出了牧羊犬的事。

博尔赫斯：因为故事必须加以铺叙，所以我不得不去编牧羊犬和那件事。

迪·乔瓦尼：西尔韦拉特别宠爱那条狗，给它起名"三十三"……

博尔赫斯：三十三代表乌拉圭历史上的三十三位英雄，他们力图将自己的国家从巴西的统治中解放出来，并取得了成功。他们越过乌拉圭河回到自己的家园，仅有三十三个人。如今乌拉圭是一个独立的共和国，我认识他们的许多后代。

迪·乔瓦尼：后来狗失踪了，在一条沟里发现了它的尸体。西尔韦拉一直怀疑有人投了毒。

一八七〇年冬季，阿帕里西奥革命爆发时……

博尔赫斯：这是乌拉圭的两个传统政党。科罗拉多党代表了在布宜诺斯艾利斯所谓的集权派；也就是说，他们代表了文明。白党不是高乔人——因为高乔人对政治一无所知——而是，比如说吧，农村人。白党和科罗拉多党，你们中会说西班牙语的人，可能知道这两个常见的短语："科罗拉多，红如公牛的血"；"白党，白如死马的骨"。如今它们仍然在乌拉圭使用。

迪·乔瓦尼：……他们两人正好在上次赌牌的那家酒店。

博尔赫斯：我曾经经营一个酒吧，为什么不用用呢？

迪·乔瓦尼：一个巴西混血儿率领了一小队骑马来的起义者向酒店里的人动员，说是祖国需要他们……

博尔赫斯：你看，他实际上不是东岸人，即乌拉圭人。我让他是巴西人，因为那倒像是真的。这个人自己不应该是乌拉圭人，但应该告诉乌拉圭人对国家的责任等等。而且，巴西人在乌拉圭很常见。

迪·乔瓦尼：……说是祖国需要他们，政府派的压迫再也不能忍受……

博尔赫斯：当然，他们对政府派在国内的压迫一无所知。这些事，他们不可能懂。他们只是乡下人，头脑简单的乡下人。

迪·乔瓦尼：……向在场的人分发白党标志……

博尔赫斯：整件事他们都被蒙在鼓里。他们是被拉进白党的，但他们也很有可能被拉进科罗拉多党。当然，他们不可能懂历史——也不可能懂政治。对此，他们满不在乎。

迪·乔瓦尼：……大家并没有听懂这番话的意思，但都跟着走了，甚至没有向家人告别。

博尔赫斯： 在《马丁·菲耶罗》[1]，我们的国诗——人们这样称呼它——里，马丁·菲耶罗被允许和他的妻子道别。在眼下这个故事中，这是不允许的，因为这些人说不定会逃跑。所以巴西人匆匆把他们送走，送去打仗。

迪·乔瓦尼： 曼努埃尔·卡多索和卡曼·西尔韦拉接受了命运的安排；当兵的生活并不比高乔人的生活艰苦。幕天席地枕着马鞍睡觉……

博尔赫斯： 是的，叫做雷卡多的一种复杂的马鞍：多层地毯或羊皮叠加而成，也可作枕头和毯子用。事实上，我那一丁点儿的骑马本领，是坐在雷卡多鞍上学的。

迪·乔瓦尼： ……对他们并不是新鲜事；他们习惯于宰牲口，杀人当然也不困难。骑兵投入战斗时总能听到马镫和兵器的震动声。

博尔赫斯： 我是从我外祖父阿塞韦多那里听说的。我外祖父是个平民，但他参加过两三次战斗，对此了如指掌。他告诉我，开始人们总是感到害怕。吉卜林写过这几行关于南

---

1 *Martín Fierro*，《马丁·菲耶罗》是阿根廷经典文学作品，一部描写高乔人的史诗。

非战争的诗，我不知道你们是否熟悉："他看到铁青的白脸，强咧着嘴笑／他感到五脏在阵痛，肠子在失禁"，等等。这类事情是会发生的，过后你就有可能成为英雄。

迪·乔瓦尼： 人们只要开始时不负伤就以为自己刀枪不入了。

博尔赫斯： 巴勒莫街坊的一个政治头领曾告诉过我这一点。他说，第一阵枪响之后，你发现自己没被打死或受伤，你想，嗨，可能永远都会毫发无损。

迪·乔瓦尼： 他们想象力一般，从来不受恐惧和怜悯的支配……

博尔赫斯： 这里我应该引用一位英国诗人的话："懦夫一生多回死；／勇士一生死一次。"[1] 然而，我的两个高乔人没有想象力，所以他们既不盼望打仗，也不害怕打仗。

迪·乔瓦尼： ……虽然冲锋陷阵之前有时也感到恐惧。

博尔赫斯： 是的，因为仗都是骑兵在打。在这些内战中没有步兵，大家都骑在马背上打仗，用长矛和标枪。

1　引自莎士比亚《尤力乌斯·恺撒》。

迪·乔瓦尼：他们认为领饷是天经地义的事。祖国的概念对他们比较陌生；尽管帽子上带着标志，他们为哪一方打仗都一样。

博尔赫斯：这很自然，他们不懂政治。

迪·乔瓦尼：他们学会了使用长矛。在前进和后撤的行军过程中，他们终于觉得虽然是伙伴，仍旧可以继续相互为敌。

博尔赫斯：这样他们私底下还能继续恨下去。

迪·乔瓦尼：他们并肩战斗，但据我们所知，从不交谈。一八七一年秋季闷热难耐，他们的气数已尽。

博尔赫斯：至于秋天的闷热，必须写进故事，以便使故事具有真实感。我不知道那天是不是真的很闷热，但天气通常是闷热的。

迪·乔瓦尼：战斗前后不到一小时，是在一个不知名的地点进行的。

博尔赫斯：这种事在战役中总会发生。士兵在滑铁卢战役中丧生，但他们中没有人听说过这个地方。

迪·乔瓦尼：地名都是历史学家们事后加上的。战斗前夕，卡多索蹑手蹑脚走进指挥官的帐篷，低声请求说，如果明天打胜仗，留个红党俘虏给他，因为他迄今没有砍过人头，想试试究竟是怎么回事。

博尔赫斯：这种事发生过很多次，因为没有人请求宽恕或给予宽恕。战役之后，战俘就被割了喉咙。既然这是意料之中的事，对他们来说也不奇怪了。至于蹑手蹑脚走进军官帐篷，我知道这种事总是发生。战役之后，允许割断别人的喉咙，被认为是一种奖励。

迪·乔瓦尼：指挥官答应了他，说是只要他表现勇敢，就让他满足这一心愿。

白党人数较多，但对方武器精良，占据山冈有利地形把他们杀得死伤狼藉。

博尔赫斯：我祖父战死的时候，发生了这种事。他的反叛军人数上绝对占有优势，但政府军——阿根廷历史上首次——拥有雷明顿步枪，因此反叛军被消灭了。那是远在一八七四年，大约在这起事件发生后三四年。

迪·乔瓦尼：他们两次冲锋都没能冲上山顶……

博尔赫斯：由于他们只有标枪，而对方有步枪，他们被消灭了，无可奈何。

迪·乔瓦尼：……指挥官受了重伤，认输投降。对方应他的要求，就地杀死了他，免得他受罪。

博尔赫斯：我想我可以给你们讲一件轶事，不仅仅是关于高乔人的，而是关于高乔人和印第安人之间的轶事。在布宜诺斯艾利斯西部边缘地区，发生了一场微不足道的小战斗，潘帕印第安人被打败了。他们知道是要被割喉的。他们的酋长，或是首领，受了重伤。尽管如此，他还是尽力向敌人——政府军——走去，用结结巴巴的西班牙语说："杀吧，佩恩上尉知道该怎么去死。"然后他挺着脖子，对着刀，就这样被割了喉咙。

迪·乔瓦尼：白党士兵放下了武器。指挥红党军队的胡安·帕特里西奥·诺兰十分繁琐地布置了惯常的俘虏处决。他是塞罗拉尔戈人，对西尔韦拉和卡多索之间的凤怨早有所闻。

博尔赫斯：当然，我必须让他来自塞罗拉尔戈。不然的话，他就不会听说这两个高乔人是死对头。

迪·乔瓦尼：他把两人找来，对他们说：

"我知道你们两人势不两立，早就想拼个你死我活。我有个好消息告诉你们……

博尔赫斯：好消息！他确实是这样想的。

迪·乔瓦尼：……太阳下山之前，你们就能表明谁是好汉。我让你们每人脖子上先挨一刀……

博尔赫斯：这在西班牙语中被称为"站着砍头"。很少有站着砍头的，但我从我父亲那里听说过。

迪·乔瓦尼：……然后你们赛跑。上帝知道谁获胜。"

把他们押来的士兵又把他们带了下去。

消息很快就传遍整个宿营地。诺兰事先决定赛跑是下午活动的压轴戏。但是俘虏们推出一个代表对他说他们也想观看，并且在两人之中一人身上下赌注。

博尔赫斯：他们都感到好奇，他们对两个将死之人之间的比赛非常感兴趣。

迪·乔瓦尼：诺兰是个通情达理的人，同意俘虏们的请求。于是大家纷纷打赌，赌注有现钱、马具、刀剑和马匹。本来这些东西应该及时交给遗孀和亲戚的。天气热得出奇，为了保证大家午睡，活动推到四点钟开始。

博尔赫斯：这些不久将被割喉的人，想在长眠之前睡一会儿。

迪·乔瓦尼：诺兰按照当地白人的风俗，又让大家等了一小时。

博尔赫斯：不论在机场还是在军营，总是按照当地白人的风俗行事。

迪·乔瓦尼：他和别的军官们谈论胜利，马弁端了马黛茶进进出出。

博尔赫斯：马黛茶是一种我们休闲饮用的咖啡。

迪·乔瓦尼：泥土路两边帐篷前面是一排排的俘虏，坐在地上，双手反绑，免得他们闹事。

博尔赫斯：除非坐在牛的头骨上，高乔人通常是不坐的。他们只是蹲着，觉得舒服。

迪·乔瓦尼：不时有人骂娘，一个俘虏开始念祈祷文时，几乎所有的人都显得吃惊。当然，他们抽不了烟。

博尔赫斯：这很自然，因为他们的手被绑住了。这让正式的割喉容易些。

迪·乔瓦尼：现在他们不关心赛跑了，不过大家还是观看。

"他们也要吹我的灯。"一个俘虏含着妒意说。

"不错，不过是成堆干的。"旁边一个说。

"跟你一样。"对方顶了他一句。

博尔赫斯： 这是一个相当残忍的故事。

迪·乔瓦尼： 绞刑架下的幽默。

一个军士用马刀在泥土路上画一道横线。西尔韦拉和卡多索给松了绑，以免影响他们奔跑。

博尔赫斯： 这样他们不至于绊手绊脚。

迪·乔瓦尼： 两人相距四米左右。他们在起跑线后面站好，有几个军官请求他们别对不起人，因为对他们的希望很大，押在他们身上的赌注可观。

博尔赫斯： 这事真的发生过。唉，这是历史，对他们来说太可怕了。

迪·乔瓦尼： 西尔韦拉由混血儿诺兰处置，诺兰的祖辈无疑是上尉家族的奴隶，因此沿用了诺兰这个姓。

博尔赫斯： 奴隶用他们主人的名字。我记得一个老黑人，她过去常来我们家。她叫阿塞韦多，这是我妈妈的名字。她家人一直是我外祖父母的奴隶，她保持着这种联系。

迪·乔瓦尼： 卡多索由一个正规的刽子手处置，那是一个上了年纪的科连特斯人……

博尔赫斯：人们总觉得，科连特斯省人和乌拉圭人更加残忍无情。来自布宜诺斯艾利斯的高乔人，不忍心去砍人脖子，但其他高乔人有更多的印第安人血统，他们似乎喜欢这种事情——至少，他们会去做。

迪·乔瓦尼：……为了让受刑人安心，他总是拍拍受刑人的肩膀说："别害怕，朋友，娘儿们生孩子比这更遭罪。"

博尔赫斯：我是从我父亲那里听说的，他是从一个砍脖子老手那儿听说的："朋友，朋友，女人生孩子比这更痛苦。"

迪·乔瓦尼：两人身子朝前倾，急于起跑，谁都不看对手。诺兰上尉发出讯号。

混血儿诺兰为自己担任的角色骄傲，一激动手下失掉了准头，砍了一条从一侧耳朵连到另一侧耳朵的大口子……

博尔赫斯：这是他第一次干这种活儿。

迪·乔瓦尼：……科连特斯人干得干净利落，只开了一个窄窄的口子。

博尔赫斯：很自然，他知道不需要又大又深的口子。

迪·乔瓦尼：鲜血从口子里汩汩冒出来；两个人朝前跑了几步，俯面趴在地上。卡多索摔倒时伸出胳臂。他赢了，不过也许自己根本不知道。

博尔赫斯：世事如此：我们永远不会知道我们是胜利者还是失败者。

恐怕我们在当地色彩等细节上花了太多的时间。我想知道，你们中是否有人更想探讨技巧性或文学方面的东西。我怕自己沉浸在故事中，忘了我作为讲师或教师应有的职责，虽然这看起来很奇怪。如果你们对这个故事持有反对意见，那就更好了。

迪·乔瓦尼：博尔赫斯，在你动笔之前，这个故事在你脑子里酝酿了多久？

博尔赫斯：我应该酝酿了大概二十五或三十年了。当我第一次听到时，我觉得这个故事引人注目。告诉我的那个人把它发表在《国家报》上，题为《血染残阳》，但他那辞藻浓丽的写作风格，我觉得无法与他抗衡。他去世之后，我写了这个故事，尽可能平铺直叙。在这期间，我又在脑海里酝酿多年，我的朋友都听腻了。

迪·乔瓦尼（一阵沉默之后）：你看，博尔赫斯，你写了一个完美的故事，不再需要评论或质疑。

博尔赫斯：也许他们现在都睡着了。（对弗兰克·麦克沙恩）你为什么不说些什么？你的主要反对意见是什么？

麦克沙恩：关于这个故事以及其他根据事实而写的故事，我想问你是如何铺展具体细节的……

博尔赫斯：你要说的是，我应该把这两个人物写得截然不同。但我认为，两个高乔人不可能有很大的区别，他们只是原始居民。我不能将他们性格复杂化，因为那会使这个故事变味。他们必须或多或少是相同的人。

迪·乔瓦尼：但是我认为弗兰克·麦克沙恩不是这个意思。

博尔赫斯：好吧，这仅是我的猜测，我的担心，我的希望。

麦克沙恩：我对你如何在这类主题上运用想象力感兴趣。

博尔赫斯：想象力是必需的。例如，我必须叙述这两个人势不两立的原因，我不得不给他们起个名字。我来来回回说"这一个"和"另一个"，或者叫他们"第一个"和"第二个"，就会很尴尬。我把他们称为"卡多索"和"西尔韦拉"，都是普通的巴西人名，就方便多了。

麦克沙恩：最后，它不是作为一个轶闻，而是作为一个故事问世。你听说的和你写的是有区别的。

博尔赫斯：我希望有所不同。很难在故事和轶闻之间划清界限。我尽力让我的作品听起来真实，这是我一个讲故事人的职责所在。"两个高乔人彼此憎恨，他们被割喉之后，再让他们决斗一番"，你认为我应该这样写吗？这就太简单扼要了，也没有效果。

迪·乔瓦尼：博尔赫斯，弗兰克想弄明白的，正是你倾注了多少想象力，以及你忽略不计了哪些实情。这是构成故事的一切。这里的任何人都有可能试着用那些你听到的事实来写故事……

博尔赫斯：而且比我写得好多了。

迪·乔瓦尼：毫无疑问，毫无疑问。

博尔赫斯：欢迎你们都去写。这是真人真事，不属于我个人。

迪·乔瓦尼：你能不能说说你如何筛选素材，只选取你想要的材料？例如，你记不记得你听说的轶事中没有被选用的那些事实？

博尔赫斯：不记得了，因为告诉我的是少得不能再少的轮廓了。后来，雷伊莱斯写了下来，大肆渲染，文字优美——我极力避免类似的风格。我不能这样写，我只是热衷于所谓的情节虚构。例如，我不得不去编写他们玩纸牌一事，我虚构了有关牧羊犬的插曲，我给它取了一个合适的名字——三十三——因为狗可能有类似的名字，尽管人们通常叫它们雅斯明。

麦克沙恩：你会不会把一个情节和另外一个情节拼凑在一起，编一个新的情节——来自两个互不相关，不同来源的新故事？

博尔赫斯：会的。例如，在这个故事中，我不是在乌拉圭，而是在布宜诺斯艾利斯的老北区亲眼看到的纸牌游戏。

提问：我想知道，博尔赫斯先生能否给我们讲讲原始人物指的是什么？

博尔赫斯：我自己也不清楚指的是什么。我想他们只是头脑简单的乡下人，他们不分析自己的感受。他们不会在开战之前想到打仗，因为这需要有想象力。生活在当下的人不会去期待自己的命运，这在故事中已经暗示很多次了。他们卷入战争，但他们不知道战争的目的，他们毫不在乎。在他们被砍脖子之前有机会好好睡个午觉，他们照睡不误。其他囚犯对决斗十分好奇，他们想看看。他们不在乎自己被砍脖子之前再等上这五分钟。有些人害怕了，其中一个尝试念祈祷文，但是念不下去，因为他不知道祈祷文的内容。

提问：选择性是否意味着虚构小说一定比现实生活更有可能发生？

博尔赫斯：是的，正如布瓦洛[1]所说的，"La réalité n'est pas toujours vraisemblable"，现实不总是有可能发生的。但是如果你写一个故事，你必须尽力让这个故事听起来可信，不然的话，读者的想象力就会排斥它。

迪·乔瓦尼：我知道你很关注这个问题，因为你总是告诉我，"实际上就是这样发生的，但是我不能用它，因为它听起来太不可能了。"你总是在降低调子。

博尔赫斯：我想每个作家都必须这样做。如果你以一种不可能的手法，讲述一个不太可能会发生的故事，那就彻底

1　Nicolas Boileau（1636—1711），法国诗人、文学理论家。

没戏了。

提问：在这个故事和你写的其他故事中，我发现有一个特点，你一直在提醒我们，除了你所叙述的之外，还存在其他因素，其他事实。我在想，是否有什么事物你可以最终确定为真实的，存在的——除了你自己之外？

博尔赫斯：我甚至不把自己包括在内。我认为一个人不可能对一切事物确信无疑，因为现实就是如此，应该把这个想法融入故事中。如果你陈述一个既定的事实，接着说你对第二种可能的因素一无所知，这样第一个事实就成真的了，因为这赋予整件事更广泛的存在。

提问：我相信你在一篇文章中这样写道，一个短篇小说可以围绕人物，也可以围绕场景。在这个故事中，人物塑造所费笔墨极少……

博尔赫斯：应该就是极少，因为这两个人物或多或少是相同的。他们是两个高乔人，但他们可能是两百个或者是两千个高乔人。他们不是哈姆雷特、拉斯柯尔尼科夫[1]或吉姆

---

1 Raskolnikov，陀思妥耶夫斯基小说《罪与罚》中的人物。

爷[1]。他们只是高乔人。

提问：那么场景才是重要的？

博尔赫斯：是的，在这个故事里的确如此。一般来说，我认为短篇小说中最重要的是情节或者是场景，而长篇小说中，人物是最重要的。你可能认为《堂吉诃德》写的是一件一件事，但真正重要的是两个人物，堂吉诃德和桑丘·潘沙。在夏洛克·福尔摩斯的探案集中，真正重要的是写一个聪明绝顶的人和一个像华生医生这样愚不可及的家伙之间的友谊。因此——如果允许我用一句话来概括——在写长篇小说时，你应该对所有的人物了如指掌，情节则退居其后。而在短篇小说中，场景才是重要的。举例说吧，亨利·詹姆斯[2]，或者说切斯特顿[3]，莫不如此。

提问：在你运用的这些轶事中，你发现了特别的人生观吗？

博尔赫斯：我发现我的大部分故事都来自奇闻轶事，虽

1　Lord Jim，约瑟夫·康拉德小说《吉姆爷》中的人物。

2　Henry James（1843—1916），美国小说家。

3　Gilbert Chesterton（1874—1936），英国作家、文学评论家、神学家。

然我进行了改编，或者说篡改。当然，有些源自人物，有些源自我熟悉的人。我认为短篇小说中，轶事可以作为一个起点。

提问：你认为你改编的东西是轶事中固有的吗？

博尔赫斯：怎么说呢，那可是个难题。我不知道这些改编是不是轶事中固有的，但我知道我需要改编。如果我不假思索草率地讲述一个故事，那就根本不会有效果。我试着放慢故事的节奏，以产生效果。我不能开场就说，"两个高乔人互相仇恨"，因为没有人会相信。我必须让这种仇恨看起来是真的。

提问：《决斗（另篇）》是什么时候写的？

博尔赫斯：那一定是在一年前写的。不对，没错。（对迪·乔瓦尼）你远比我清楚，因为日期你记得清楚，而我记不清楚。

迪·乔瓦尼：大概十四个月以前。

博尔赫斯：说得好。你编得可信，我认了。

提问：我想知道，这两个高乔人的轶事里有什么东西让你痴迷，念念不忘达三十年之久。

博尔赫斯：这是一个非常困难的问题。我不知道——你不妨问我为什么喜欢咖啡、茶或水。

提问：难道是故事中的那个玩笑？

博尔赫斯：不是，不是玩笑。我认为这是一个残酷的故事，我把它编得荒唐可笑，更突出了故事的残酷性。我杜撰了一些人，用滑稽的方式讲这个故事，故事就显得更加赤裸裸，更加冷酷无情。

迪·乔瓦尼：但故事本身就回答了他在轶事中看到了什么，不是吗？

博尔赫斯：应该是，但也许我失败了。那么，它需要另一个答案或补充说明。就个人而言，你觉得这个故事过于平凡还是过于扁平？

提问：没有，我觉得恐怖。

博尔赫斯：好吧，故事的本意就是如此，或者像我们以前说的硬汉的故事。为了让故事恐怖，我把恐怖留给了读者的想象。我不能这样说吧，"发生的事太可怕了"或者"这个故事令人毛骨悚然"，这样我就做了件蠢事。这种事情必须留给读者，而不是作家。否则，整个故事就立不住了。

迪·乔瓦尼：相比博尔赫斯或其他阿根廷人，我们更觉得这个故事令人发指。

博尔赫斯：不对！我没那么冷血。

迪·乔瓦尼：我知道，但我的意思是，这实际上是你们的传统。阿根廷人对割喉司空见惯。

提问：不是因为血腥，而是两个人活着就是为了去死。

迪·乔瓦尼：好吧，至于这一点，他们和我们之间有什么区别呢？

博尔赫斯：还可以往故事里添加另外一些内容，但是我没有，因为我认为这已经包含在故事的字里行间。这两个人很感激他们在黄泉路上有这个机会——他们生命中唯一的机会——在他们互相仇恨多年之后，一较高下。这是他们的决斗。

提问：但吸引你的就是这些吗？

博尔赫斯：或许吧。

提问：这就是我想听你说的。

博尔赫斯：如果是这样的话，你的话揭示了一些确凿无疑的东西——是在纽约，而不是在我写下这个故事的布宜诺斯艾利斯。吸引我的是，这两个人并不认为自己是受害者。他们得到了生命中的机会。

迪·乔瓦尼：有一些东西没在这儿谈到。博尔赫斯在写这篇小说之前，刚刚写了一篇名为《决斗》的小说，那是一个完全不同的故事。

博尔赫斯：类似亨利·詹姆斯的那种故事。

迪·乔瓦尼：后来的这个故事与之形成了鲜明的对照，原作题为 *El otro duelo*，《决斗（另篇）》。我们在《纽约客》单独发表这个故事时，不能把英语标题定为《决斗（另篇）》[1]，因为只有和《决斗》一起出现这个标题才有意义。

博尔赫斯：另一个故事是关于两个上流社会女人的，两人亲密无间，又是对手，与简·奥斯丁的故事如出一辙。之后，我们从乌拉圭河东岸感受到了一点令人毛骨悚然的现实主义。

迪·乔瓦尼：这两位女士是画家，她们在绘画中你争我斗。

提问：在我看来，《决斗（另篇）》和《南方》有共同之

---

1 英文译本将标题译作《决斗的结局》。

处。他们似乎怀抱相似的、毫无意义的怨恨。你愿意评论一下吗?

博尔赫斯:我不同意你的看法,因为《南方》真的是一厢情愿的故事。每当我想到我的祖父在战场上死去,想到我的曾祖在独裁者罗萨斯发动的战争中不得不与自己的同胞作战,想到我的亲人被割喉或枪杀时,我意识到自己过着一种非常窝囊的生活。但实际上我没有,因为他们也许只是经历了这些事情,却对这些经历没有感受。相反,我过着与世隔绝的生活,却感受到了这些经历。这是另一种经历它们的方法——据我所知,也许是更深入的方式。无论如何,我不应该抱怨自己是个文人。我想还有比文人更艰难的命运。

但在《南方》中,真正的情节是关于——这样说吧,实际上有几个情节,其中一个情节可能是那个人死在了手术台上。整件事都是他的梦,他在梦中极力想得到他想要的那种死亡。我的意思是,他想死在潘帕草原上,手中握着刀,他要像他的祖先一样死于斗殴。但在《决斗(另篇)》中,我认为不存在一厢情愿的想法。事实上,我不想成为其中一个高乔人。我想我会逃避的——我不会去跑这场比赛,我会俯面摔倒。

提问：我听你说过，你对这个故事的时间概念不太感兴趣，但奇怪的是，两人的决斗发生在他们死后，他们超越了时间。

博尔赫斯：说得好，这表明我无法摆脱对时间的痴迷。

提问：小说必须介入同时代的政治和社会问题，你是如何看待这一观点的？

博尔赫斯：我认为小说自始至终都介入政治和社会问题。我们不必为此担心。作为同时代的人，我们必须以我们时代的风格和方式来写作。如果我写一个故事——哪怕是关于月球人的——这将是一个阿根廷故事，因为我是一个阿根廷人；它会借助西方文明，因为我属于这个文明。我认为我们不必故意为之。让我们以福楼拜的小说《萨郎宝》为例，他称之为迦太基小说。但是任何人都可以看出，它是出自十九世纪法国现实主义作家的手笔。我认为一个真正的迦太基人读这部小说时会一头雾水。据我所知，迦太基人可能认为这是个拙劣的笑话。我认为你不必力图忠实于你的世纪或你的观点，因为你始终忠实于它们。你有某种声音，某个脸庞，某样写作方式。即使你想逃避，也逃避不了。那么何必去费心强求现代或当代，既然你没法成为其他时代的？

麦克沙恩：我认为提问者也想到了政治和社会问题。你认为虚构小说应该涉及这些问题吗？

博尔赫斯：在这个故事中，没有这类东西。

迪·乔瓦尼：不对，有。

博尔赫斯：可能有吧，但我对此并不关心。我想到的只是这两个人喉咙被割破后赛跑的场景，想到的是整件事被当作笑料或恶作剧来看。自然而然地，这个故事最终与阿根廷、乌拉圭和高乔人的历史牵连在一起。它与整个南美历史、解放战争等都有关联。但我不关注这些。我只是在尽力讲我的故事，让人深信不疑。我关注的就是这些，虽然你可以进行任意的联想。

迪·乔瓦尼：不管你的目的如何，在当时当地，这是一个十足的政治声明。对此大家都应该满意。

博尔赫斯：也许这是超越时空的政治，我不知道。当然，政治有其自然美。

提问：你认为艺术家应该如何叙述自己的时代？

博尔赫斯：奥斯卡·王尔德说，现代艺术家应该小心谨慎，避免现代化的处理方式和现代化的主题。当然，他在说风趣话，但他言之有物，有明显的事实根据。例如，荷马是在特洛伊战争发生几个世纪之后才去写的。一个作家应该书写同时代的故事，这种想法本身就是现代的。但是我应该说，这更属于新闻而不是文学。一个真正的作家不会试图成为当代人。

提问：在你的作品中，你的引文出自许多来源，出自世界各地的多种文字。我有一个问题——我希望我没有太失礼——这些引文是真实的还是虚构的？

博尔赫斯：我很遗憾，有些是真实的。但不是所有的引文。然而，在眼下这个故事中——《决斗（另篇）》——我尽了最大努力，尽可能平铺直叙。我从吉卜林的第一部作品《山中的平凡故事》中学到了技巧。我现在放弃了所谓的莫测高深，或者说貌似的莫测高深。我试着写一些简单易懂的故事。

提问：有一个关于百科全书的故事……

博尔赫斯：我想你指的是《特隆、乌克巴尔、奥比斯·特蒂乌斯》，故事中百科全书正在改变整个世界。我写这个故事的时候，还相当年轻。如今我不会尝试这样的作品——我想改变。我想试着从别人的角度、以不同的方法、以出人意料的方法写作。

提问：你在一个故事中说，我们可能成为另一个人梦中的人物。

博尔赫斯：是的，那个故事是《环形废墟》。就我们所知，这可能是真的。你做梦梦到我。不对，我错了。我在梦见你。

提问：这个做梦的想法是如何运作的？

博尔赫斯：这是一个非常古老的唯心主义的想法，是贝克莱[1]和印度教徒的想法。我认为，这也是刘易斯·卡罗尔[2]作品中红国王的想法。

提问：你是如何梦到《吉诃德》的作者皮埃尔·梅纳尔的？

1　George Berkeley（1685—1753），爱尔兰哲学家、科学家和主教。
2　Lewis Carroll（1832—1898），英国数学家、逻辑学家、摄影家和小说家，所作《爱丽丝梦游仙境》与《爱丽丝镜中奇遇记》最为著名。

博尔赫斯：我做了一个手术，我不知道我是否可以继续写作。然后我对自己说，试试写一篇短短的评论性文章。一旦失败，我就知道以后没有希望了。如果我尝试写诗，那说明不了什么，因为诗的宝藏是由诗神缪斯或圣灵赐予的。所以，我尝试了一些新的东西——一个故事，也带点恶作剧的意思——得逞之后，我看到我可以回到文学领域，好吧，不是去做一个快乐的人，因为没有人快乐，但至少我能感到我的生活没有完全虚度。布宜诺斯艾利斯的许多人和我熟悉的两个文人都把这件事当真了。其中一个对我说："当然，我对皮埃尔·梅纳尔了如指掌。我认为他是疯了。"我说："是的，我想他是疯了，但疯得有趣，不是吗？"这是我写的第一批故事中的其中一篇。我一直说这是第一个故事，但事实上是第二个，或第三个故事。

提问：你怎么知道一则轶事哪天会派上用场？

博尔赫斯：我听到自己认为有意思的轶事后，就告诉我的朋友。然后，鬼使神差，我觉得应该把它写下来，这会是很多年以后的事了。如果你今天告诉我一则轶事，大约四五年后以后才有可能变成书问世，因为这是一个缓慢的过程。

我想其他作家听到一则轶事，也许马上就会写成故事。但就我的情况而言，我必须闲下心来等待，等到时机成熟，那时我必须全盘接受，尽可能不去篡改，不去弄巧成拙。

提问：我的问题与你的短篇小说《玫瑰角的汉子》有关。

博尔赫斯：这是我写的第一个短篇，我打心底里不喜欢它。

提问：据说它受到约瑟夫·冯·斯登堡[1]黑帮电影的影响。

博尔赫斯：没错，是受到了他的影响，也受到切斯特顿小说的影响。我试着把这个故事当作文学实验。我想写一个具有视觉效果的故事，所以这个故事根本不是以现实主义的方式写的。我把整件事看作一种芭蕾舞。后来，我重新写了这个故事，题为《罗森多·华雷斯的故事》。我写《玫瑰角的汉子》时，很清楚故事中的一切都不是真实的，但是我不追求现实，所以不在乎。我只想写一个呼之欲出、令人身临其境的故事。结果，它以一种歌剧化的方式登场，我必须为此向你们道歉。

1　Josef von Sternberg（1894—1969），奥地利裔美国电影导演。他的创作特点是注重视觉形象效果和象征意义，在现实主义的基调上赋予表现主义的色彩。

提问：在斯登堡电影中，视觉和现实之间存在着平衡。你对此考虑了多少？

博尔赫斯：我那时一直在想着约瑟夫·冯·斯登堡和切斯特顿。我非常感谢斯登堡，因为他卓有成效地达到了他的目的。他尝试拍摄电影，必须有视觉效果。但是以我的情况而言，我认为视觉效果并不是真正必需的。你可以讲一个故事，不需要过分逼真或者栩栩如生。事实上，如果你太逼真，我倒认为你在创造的是非现实，因为这样看事物反觉模糊不清。我知道我的故事是不真实的，但是我从来没有想过人们会信以为真。在《恶棍列传》这本短篇小说集的前言中，我还提到了斯蒂文森、切斯特顿和斯登堡那些令人敬佩的电影。

提问：不过，这是一个完美的故事。

博尔赫斯：我不敢苟同。这是我写过的最糟糕的东西。

迪·乔瓦尼：在布宜诺斯艾利斯人人都喜欢这个故事……

博尔赫斯：因为它感伤，因为它给读者一种错觉：我们曾经非常勇敢，非常大胆，非常浪漫。

提问：但是它成了拉丁美洲文学中重要的东西。我认为它有了新的途径。

迪·乔瓦尼： 关键是博尔赫斯再也没有写过类似的作品了。他后来写得更好。《玫瑰角的汉子》写于一九三三年。

博尔赫斯： 当然，很多人认为，从那个故事以后我就一蹶不振了。

迪·乔瓦尼： 他的新书《布罗迪报告》回到了同样的主题，但是写作方法截然不同。

博尔赫斯： 是的，更直截了当。

迪·乔瓦尼： 在《玫瑰角的汉子》故事中，人物站在舞台上，对着观众大喊大叫。故事非常歌剧化，作为一个意大利人我很能欣赏。

提问： 在你的许多故事和诗歌中，你似乎很关注时间。

博尔赫斯： 这样说吧，常规上，手表告诉了我们时间，是不是？但是真实的时间，例如当你拔牙时，就是太真实了。或者比如又和恐惧的时间，当时间的沙子耗尽的时候，截然不同。没错，我一直痴迷于时间。

提问： 我们的问题是关于作家和他对时代的责任，还有现实和梦幻。在《佩德罗·萨尔瓦多雷斯》中有一句话，我想知道，这一句话是否表达了你的观点。

博尔赫斯：如果我能记得这句话，就会有帮助。

提问：是这一句，"……［他］什么都不想，甚至不去想他的仇恨或危险处境。他干蹲在地下室……"

博尔赫斯：我认为佩德罗·萨尔瓦多雷斯是一个头脑简单的人。我不知道你是否会感兴趣，两个月前我遇见过他的孙子。他和萨尔瓦多雷斯同名。他纠正我说，他祖父在地下室待了十二年，而不是我写的九年，而且他是个军人。后一个事实对我没有用处，因为我不会期待一个士兵会在地下室躲十二年，而一个平民或许有这个可能。此外，萨尔瓦多雷斯不知道自己必须等那么久。也许他认为每一个晚上都是最后一晚。

迪·乔瓦尼：我不知道是否回答了这个问题。回答了吗？

博尔赫斯：没有，也许没有。但我把问题的开头全忘了。

提问：在你的故事《阿莱夫》中，有一个叫博尔赫斯的角色。假设他的遭遇是虚构的，而不是事实，我想知道你为什么用你自己的名字。

博尔赫斯：好吧，我想到了这种事发生在自己身上。此外，我被贝雅特丽齐·维特波抛弃了——当然，名字不同——所以我用了自己的名字。

迪·乔瓦尼：你在好几个地方用了自己的名字。

博尔赫斯：是的，我一直这样做。当然，我不是想让自己成为笑柄。这种文学技巧由来已久——鲍斯韦尔[1]写约翰逊生平时也用了自己的名字。他把自己写成一个可笑的角色，但他本人不是。鲍斯韦尔是一个绝顶聪明的人。

我想我现在听到了一个问题——也许这个问题一直不绝于耳，此时此刻，我想象我听到了——关于作家对他所处时代的责任。我认为作家的责任是成为一名作家。如果他能成为一位好作家，他就是在履行职责。再说，我认为自己的观点是肤浅的。例如，我是一个保守派，我恨纳粹，我恨反犹派，等等；但我不允许这些观点写进我的作品——当然，除了我为六日战争[2]欢呼雀跃的那阵子。总的来说，我想把我的观点放在密封舱里。每个人都知道我的观点，但对于我的梦想和我的故事，我认为应该让梦想和故事自由驰骋。我不想把自己的观点强加其中，我在写小说，而不是写寓言。

1　James Boswell（1740—1795），英国文学家、传记作家。

2　Six-Day War，指发生在1967年6月初的第三次中东战争。以色列先发制人，对阿拉伯国家发动突然袭击，在六日战争中占领了大片阿拉伯国家的领土。

也许我应该说得更清楚一些。我是反对 littérature engagée[1] 的，因为我认为文学基于以下的假设：作家不能写他想写的东西。让我举例说明——可能这个例子带有自传的意味——我不去选择自己的主题，而是主题选择我。我极力加以抵制，但是这些主题一直让我牵肠挂肚，所以我最终不得不坐下来写，然后出版，了却这些心事。

人们还必须记住，作家想做的和他实际做的往往有所不同。我想到一位 écrivain engagé[2] 鲁德亚德·吉卜林。他一直设法提醒他那些缺心眼的英国同胞，他们竟然成就了一个帝国。当然，他说这种话，被认为是一个外国人。他最后写了《谈谈我自己》(Something of myself)（我们从标题就能领略英国人的轻描淡写）——不是谈自己的全部，仅仅谈了他自己的一些皮毛——他在结尾说，必须允许作家违背自己的私人道德立场去写作。他以伟大的爱尔兰作家斯威夫特[3]为例。斯威

1　法文，介入文学。
2　法文，介入作家。
3　Jonathan Swift（1667—1745），英国文学家、讽刺作家、政治家，代表作品是寓言小说《格列佛游记》。

夫特愤世嫉俗，厌恶人类，但在《格列佛游记》的第一部分，他也写了一些让孩子读了高兴的文字。

提问：我想知道你愿不愿意评论一下你对庇隆[1]政权的反对立场。

博尔赫斯：愿意，为什么不呢？ 我的反对立场是公开的，但没有体现在我的文学作品中。我是阿根廷作家协会的主席，我一直在开讲座，每次讲演我都对庇隆冷嘲热讽。人人都知道我反对他。我们的解放者革命刚取得胜利，我就被任命为国家图书馆的馆长，就是最好的佐证。他们需要一个反庇隆主义的人，他们了解我的情况。我的母亲、我的妹妹和我的侄子都曾遭监禁。有一个侦探对我穷追不舍，顺便说一句，他是反庇隆的，但他必须做他的工作。但我从来没有把这些融入我的故事或诗歌中。我把它们分开，所以我认为自己是一个好阿根廷人。与此同时，我努力成为一个好作家，没有把这两件事混为一谈。

提问：你写的有关纳粹中尉的短篇，你觉得如何？

1　Juan Perón（1895—1974），阿根廷政治家，1946 年至 1955 年、1973 年至 1974 年期间三次出任阿根廷总统。

博尔赫斯：《德意志安魂曲》，故事中发生的事却截然不同。当然，我是站在盟军这一边的——美国这一边。德国人被打败时，我欣喜如狂，如释重负。同时我却认为，德国的失败是一个悲剧，因为在德国，也许有欧洲受教育水平最高的人，他们有优秀的文学、良好的哲学和诗歌传统。然而，这些人被一个叫阿道夫·希特勒的疯子欺骗了，我认为这就是悲剧所在。然后，我设想一个真正的纳粹分子形象——我指的是一个真正为暴力本身而称赞暴力的人。我随后认为，典型的纳粹分子对失败无所谓。毕竟，失败和胜利只是概率而已。即使美国人和英国人赢得了战争，他仍然会感到高兴。很自然，当我和纳粹在一起的时候，我发现他们和我心目中的纳粹不一样，但这本来就不是一份政治传单。这是为了表明，一个真正的纳粹分子的命运中有着悲剧的意味。只是我怀疑真正的纳粹是否存在过。至少，在我去德国的时候，我从来没有遇见过。他们都为自己感到难过，也要我为他们感到难过。他们非常伤感，感情相当脆弱。

提问：有人告诉我，你出版过一本侦探故事集。能给我们说说吗？

博尔赫斯：我想我当时的选择是显而易见的。我从"唯一促成者"埃德加·爱伦·坡开始，随后我发现了不同的故事——例如，伊斯雷尔·赞格威尔[1]的《弓区大谜案》，杰克·伦敦[2]写的优秀短篇，还有一些明显的作家例如切斯特顿、伊登·菲尔波茨[3]、埃勒里·奎因[4]。但是我认为，爱伦·坡开了整个类型的先河。所有的侦探小说都自他而来，虽然威尔基·柯林斯[5]用截然不同的手法进行了尝试。柯林斯写长篇侦探小说，书中人物比情节更重要——除了情节堪称完美的《月亮宝石》。

提问：柯南·道尔呢?

博尔赫斯：对，我记得我翻译了他最好的小说之一《红发会》。这项工作是与优秀的阿根廷作家阿道夫·比奥伊·卡萨雷斯[6]一起完成的。我们仔细地筛选了所有的侦探小说，又

1　Israel Zangwill（1864—1926），英国小说家、剧作家、评论家。

2　Jack London（1876—1916），美国作家。

3　Eden Phillpotts（1862—1960），英国小说家、诗人、剧作家。

4　Ellery Queen 是美国推理小说家曼弗雷德·班宁顿·李（1905—1971）和弗雷德里克·丹奈（1905—1982）表兄弟二人合用的笔名。他们开创了合作撰写推理小说成功的先例。

5　Wilkie Collins（1824—1889），英国小说家。

6　Adolfo Bioy Casares（1914—1999），阿根廷小说家、翻译家。

小心翼翼地把多萝西·塞耶斯[1]排除在外，因为我们不喜欢她写的东西。

麦克沙恩：你可不可以谈谈你与比奥伊·卡萨雷斯之间的合作，谈谈这种合作与你自己的工作有什么区别？

博尔赫斯：是有区别的，因为当我们在一起的时候，正如希腊人所说，就有第三个人存在。就是说，我们不把自己当成两个朋友，甚至两个作家；我们只想去发展一个故事。如果有人问我，"那句话来自你还是另外一个人？"我回答不了他。我不知道我们之间谁编造了这个情节。合作只能是这样。既然现在诺尔曼·托马斯·迪·乔瓦尼就在我身边，我们为什么要提比奥伊·卡萨雷斯呢？我们以同样的态度工作。当我们尝试用英语翻译或重新创作我的诗歌或散文时，我们不认为我们是两个人。我们认为确实只有一个脑子在工作。我想柏拉图的对话同样如此。当冒出许多人物时，是他想看到问题的多个方面。也许达成合作的唯一途径只能如此——两三个人认为他们是一个人，忘记了个人的境遇，全心全意

---

1 Dorothy Sayers（1893—1957），英国学者、作家，写过大量神秘侦探小说。

地服从工作，以达到至善至美的境地。

提问：在你《时间的新反驳》一文结尾，你想知道你是否能够制定出一个新的道德体系。

博尔赫斯：不，我不这么认为。除此之外，文章的标题旨在讽刺。如果时间不存在，你就不能重新反驳。但是当我题为《时间的新反驳》时，我是在跟自己开玩笑。从逻辑上说，我对这个论点深信不疑。我认为如果你接受这个前提，这个论点可能会成立——尽管与此同时，唉，时间也成立了。这比我的任何推理，甚至比休谟、伯克利、叔本华的推理更加正确。

提问：我想知道你为什么离开幻想的世界、百科全书的世界，走进一个真实的世界。

博尔赫斯：我这么做的原因是，在布宜诺斯艾利斯有很多文学行家为我写博尔赫斯的故事。他们热衷于迷宫和镜子，热衷于老虎，等等，当然他们比我做得更好。他们是年轻人，而我老了、倦了。此外，我想试试新的东西。我最新的小说集《布罗迪报告》，在许多读者看来似乎淡而无味，而对我来说，在某种意义上是一种探险，是一种实验。

提问：你谈了短篇和长篇小说之间的区别，令我们获益匪浅。你觉得有动力去写长篇吗？

博尔赫斯：没有，因为我从来没有感到有动力去读长篇。我钟情于短篇小说，我这人太懒，不会去写长篇。写了十到十五页之后，我就没了耐心。事实上，我最近倒是写了一个长的短篇小说，题为《代表大会》。这可能是我写得最好的小说之一。至少，我是这样认为，因为这是我最新写的故事。你需要那种感觉才能继续写下去。

提问：我认为关于决斗的这些故事，是两人之间的邂逅，是经过风格化了的。他们必须是同时代的。然而，你在《时间的新反驳》中说，同时代是不存在的。我看不出你如何自圆其说。

博尔赫斯：我也看不出，先生。我同意你的看法。

提问：如果他们不是同时代的，他们就必须是不朽的。

博尔赫斯：这样看来，你得去写这个故事，因为这是你的创作，不是我的。我认为这会是一个完全不同的故事，一定很好。

提问：我相信你说过，作家成名是由于错误的原因。你觉得你也是这样吗？

博尔赫斯：我对此确信不疑。我相信，这个国家的人民对我很友好，首先是因为善良对他们而言是举手之劳，也因为他们把我当作外国人，一个外国人很难成为对手。他们也觉得我是盲人，盲人需要同情。所以你看，这些因素——外国人、老人和盲人——构成了一个非常强大的组合。

迪·乔瓦尼：当然，你的名声与大家读你的小说毫无关系。

博尔赫斯：我应该说，人们喜欢我并不是因为我的小说。

提问：你写一个像《〈吉诃德〉的作者皮埃尔·梅纳尔》这样的故事时，你是开别人玩笑，还是开自己玩笑？

博尔赫斯：我想我的玩笑不针对个人。我没在愚弄任何人，没在愚弄自己。我这样做纯粹是为了好玩。

迪·乔瓦尼：对不起，时间到了。

博尔赫斯：当然，时间是不真实的……

第二部分
诗　歌

麦克沙恩：我想还是开门见山，先请博尔赫斯大致说说他自己的诗歌创作。

博尔赫斯：对，为什么不呢？当然，其中一个诀窍就是不说教。该发生的事都会发生，世事稍纵即逝。好吧，我想我就直奔主题，有些是老生常谈，显而易见的。不管怎么说吧，我们都在努力成为诗人。尽管经历种种失败，但是我仍然还在继续努力成为诗人（我马上七十二了）。

我认为最难写的其实是自由体诗，而年轻诗人往往倾向于从自由体诗着手，这是一个非常大的错误。早在一九〇九年，阿根廷诗人莱奥波尔多·卢贡内斯[1]出版了《伤感的月历》，一本至今仍具有革命性的诗集，我要借用书中所说的话。卢贡内斯在前言中写道，他正在尝试诗歌实验——正在尝试发明新的音步，把"旧时的"音步，如八音节诗、十一音节诗、十四音节诗等等，重新组合。他知道他所进行的尝试仓促轻率，很有可能失败。但是他想提醒读者，他已经有作品证明，他对古典形式的诗歌得心应手。他接着说，一个人不可能一上来就革除旧习，但是就他的情况而言，他觉得自己已经获得了实验的权利，因为他出版了几卷不错的诗歌，或者说，至少是差强人意的古典诗歌。我认为这是一个实事求是的说法，但这仅仅是道德层面上的理由。有必要的话，可以找到更好的理由。举例说吧，如果你尝试写一首十四行诗，你会有一种错觉，以为有些东西真的摆在了你的面前。那是十四行诗的框架，无论你选择意大利式的还是莎士比亚式的。在你动手写第一行诗之前，这种形式已经存在。然后你必须去找一些押韵的词。这些押韵的词限制了你的发挥，同时让你觉得更容易。这并不意味着我更喜欢十四行诗而不是自由体诗，这两种诗体我都喜欢。如果你拿沃尔特·惠特

1　Leopoldo Lugones（1874—1938），阿根廷诗人、文学评论家、社会评论家。

曼的《草叶集》中最好的篇章，问我是不是比莎士比亚、华兹华斯、济慈或叶芝的十四行诗写得更好，我会说这个问题毫无意义。既然你可以同时拥有这两种诗体，就没有必要在两者之间进行取舍。但是区别在于：如果你尝试写十四行诗，你已经有了一些现成的东西，读者可以期待这种形式；如果你尝试写自由体诗，一切都必须发自你的内心。你必须在技术上游刃有余才能尝试自由体诗，而放弃你认为是过时的东西。当然，如果你碰巧是沃尔特·惠特曼，你就会有内在的力量或内在的冲动，让你有能力并且配得上去创作自由体诗歌，但这并不会发生在我们大多数人身上。我早在一九二三年出版第一本诗集《布宜诺斯艾利斯激情》时，就犯了这个错误。我用自由体写了那本书——当然，我读过惠特曼的书——因为我觉得自由体诗更容易些。现在我知道这要困难得多。如果我一时兴起要写诗，如果我仓促应场不得不去构思，我就会借助一个固定的形式，因为这对我来说更容易。所以，我建议年轻诗人从诗歌的经典形式开始，只有在这之后再去革新。我记得奥斯卡·王尔德有一个评论——一个有预见性的评论。他说："如果没有十四行诗这种有固定格式的诗，那就只能靠天分了。"这就是当下正在发生的现象；至少是在我的国家发生的现象。差不多每一天我都会收到一些诗集，就看我有没有天分了——也就是说，那些诗在我看来毫无意义。即使诗里的比喻也难以辨别。所谓比喻，是把两种事物联系在一起，但在这些诗集中，我无论如何看不出任何联系。我感觉这些诗集杂乱无章，就像是一台发疯的计算机写成的，却期待我去感动，去享受！我在第一本书中犯了那种天分的错误（我认为我在第二本书中也重蹈覆辙；或许第三本书也未能幸免），然后我发现十四行诗有一种真正神秘莫测、说不清道不明的东西。这种形式本身似乎是一些随意偶然的句型组合、韵脚变化——意大利式、莎士比亚式、斯宾塞式——却能够产生完全不同类型的诗歌。

我想说的是，从长计议，要打破规则，你必须了解这些规则。现在所有这一切都十分明显，但是尽管显而易见，却似乎不被大多数年轻人所理解，更不用说年长的人了，我就是一例。接下来，我们可以讨论我的一些诗句。这些诗句恐怕是自由体诗，这说明我的确不知道自己一直在说些什么。不过，我是在尝试了其他诗歌形式之后，才回到自由体诗歌的。

这将引入另一个有趣的话题：我为什么有时写自由体诗，有时写十四行诗？我的诗是如何写成的，这才是最重要的谜。我可能正走在街上，或在国家图书馆的楼梯上上下下——心中想的是布宜诺斯艾利斯——突然我知道一些事情要发生了。接着，我静下心来。对即将到来的事情，我必须全神贯注。它可能是一个故事，也可能是一首诗，无论是自由体诗还是有格式的诗。此时此刻，最重要的是不去篡改。除非我们雄心勃勃，否则我们必须让圣灵、缪斯女神或潜意识——如果你喜欢现代神话的话——在我们内心通行无阻。到时候，如果我没有欺骗自己，我会被赐予一行诗，或者说有可能是诗的朦胧概念——也许是匆匆一瞥——虽然离一首诗还很遥远。通常，我几乎无法辨别。接着，那个隐隐约约的形状，那团隐隐约约的云朵，渐渐成形，我听到内心在发声。我从最初听到的节奏中，知道一首诗是否正呼之欲出，无论是十四行诗还是自由体诗。这是一种写诗的方法。

另一种方法，我认为稍逊一筹，你得有一个情节。然而，这个情节也是"赐予"我的。例如，两三天前，我突然发现我对一首诗的情节有了想法。此时付诸笔端仍然为时过早——必须等待时机。时机成熟，它会不请自来。我一旦写了两三行之后，就知道整个作品的大概形状，知道它是自由体诗还是某种传统格式的诗。归根结底是一句简单的话：诗是赐给诗人的。我不认为诗人可以随心所欲坐下就写。如果他坐下就写，就写不出有价值的作品。我尽力抵制这种诱惑。我经常扪心自问，我是怎样写出这几卷诗的！可是我让这些诗坚持到底，有时候这些诗锲而不舍，冥顽不化，最后终于得逞了。到了那时，我想："如果我不写下来，它会使劲催我，让我坐立不安，最好还是把它写下来。"一旦付诸笔墨，我听从贺拉斯[1]的建议，搁置一边，放上一周、十天的。接着，毋庸置疑，我会发现自己犯了很多明显的错误，于是我推敲一遍。如此反复三四次之后，我发现已经尽力了，再修改反而有可能弄巧成拙。这时候我才去发表。好吧，我为什么要发表呢？伟大的墨西哥散文作家、泰斗诗人阿尔方索·雷耶斯[2]对我说："我们必须发表自己的作品。如果我们

---

1 Horace（前65—前8），奥古斯都皇帝时期杰出的拉丁抒情诗人和讽刺作家。
2 Alfonso Reyes（1889—1959），墨西哥诗人、作家、学者、文学评论家、教育家、外交官。

不发表，就会没完没了地修改，尝试无穷的可能。我们要超越它。"

所以最好先去发表，然后着手其他的事情。我自己的作品很少记在心里，因为我不喜欢我写的东西。事实上，我发现其他诗人的作品把我的心声表达得更好，而不是我自己的作品，因为我对自己所有的错误了如指掌——我知道哪儿有漏洞、哪儿是拼凑的，我知道哪一行诗写得拙劣，等等。我读其他诗人的方式是不同的，我不会去字斟句酌。现在，在念我的诗之前，你们还有问题吗？我非常感谢所有的问题，我可以加一句，我不喜欢没有异议。我喜欢有人纠正我。

提问：说到用固定的格式写诗，你不认为这取决于伴随着你成长的诗歌类型吗？例如，我无法想象去写十四行诗或押韵的对联诗。

博尔赫斯：非常抱歉。但是我觉得相当奇怪，你对过去一点都不感到好奇。如果你用英语写作，那你就是在遵循一个传统。语言本身就是一种传统。例如，为什么不遵循十四行诗诗人悠久而辉煌的传统呢？我觉得忽略形式很不可思议。自由体诗写得好的诗人毕竟不多，而掌握其他诗体格式的作家却比比皆是。就连卡明斯[1]也写了许多优秀的十四行诗——有一些我还会背。我认为你不可能抛弃过去的一切。如果你抛弃过去，你会冒这样的风险：自以为有了新的发现，其实早已被发现了。这源于缺乏好奇心。你对过去不好奇吗？你对本世纪的诗人同胞不好奇吗？上个世纪的呢？十八世纪的呢？约翰·多恩[2]对你没有任何意义吗？还有弥尔顿？我真不知道如何回答你的问题。

提问：人们可以阅读过去的诗人，并把所学到的东西转化为自由诗。

博尔赫斯：我不明白的是，你为什么一开始就迎难而上，尝试自由体诗？

提问：但我觉得自由体诗并不难。

博尔赫斯：好吧，我不了解你的作品，所以我真的不能说什么。也许写的时候不难，而读的时候会难懂。大多数情况下，我认为这与惰性有关。当然，还有例外，比如惠特曼、桑

1　Edward Estlin Cummings（1894—1962），美国诗人、画家。
2　John Donne（1572—1631），英国玄学派诗人、散文作家。

德堡[1]、埃德加·李·马斯特斯[2]。我认为主张自由诗歌的一个理由是，读者知道他不指望从中获得信息，或者说不指望被诗中的内容说服而去相信一些东西——不像一页散文，那可能属于德·昆西[3]所说的知识文学，而不是力量文学。读者指望从自由体诗中获得激情——感到升华，生命在沸腾，七情六欲在撕裂。我的意思是，自由体诗中的一些东西会在肉体上影响读者。即使自由体诗音乐感不强，一般来说音乐感是差一些，读者仍然知道他在读这首诗时，诗人希望他拥有这种精神。

提问：我认为很难认同陈旧的、通常不熟悉的形式。你认为有可能创造新的写诗的形式吗？

博尔赫斯：这样说吧，从理论上讲，我想这也许是可能的。但是我真正想说而还没有说的是，结构始终存在，从一个明显的结构入门更容易一些。结构是必需的。我想马拉美说过，"没有散文这一说法；一旦你注重节奏，散文就成了诗句。"这与斯蒂文森所说的话不谋而合："诗句和散文的区别

1　Carl Sandburg（1878—1967），美国诗人、历史学家、小说家、民俗学者。

2　Edgar Lee Masters（1869—1950），美国诗人、小说家。

3　Thomas De Quincey（1785—1859），英国散文家。

在于你阅读的时候"——他指的是经典的诗歌形式——"你有所期待且如愿以偿"。但是谈到散文时他说过这样的话，句子结尾必须出人意外，但又妙趣横生，通常这谈何容易。另一方面，茹尔丹先生[1]说，他一生说的全是散文，自己却不知道。他弄错了。我们不会拿散文当话说，我们说话是尽量让别人听懂。如果我想把我说的话写下来，我会尽量用散文的语言，那就另当别论了。

总而言之，所有这些可以归结为，比如说，济慈的十四行诗和惠特曼的自由体诗之间的区别。以十四行诗为例，它的结构明显，所以更容易写；如果你试着写《亚当的子孙》或《自我之歌》[2]这样的诗，结构你必须自己去创造。如果没有结构，诗就不会有形，我认为没有形的诗不成其为诗。好吧，我们现在就来看一首诗。也许我们应该从《一九六八年六月》这首诗开始。这是自传体诗——或者说，至少我认为是自传体诗。我写这首诗的时候很快乐，可是我的感觉也许不像我想象的那么快乐。我的朋友诺尔曼·托马斯·迪·乔瓦

1　Monsieur Jourdain，法国剧作家莫里哀的喜剧《贵人迷》中的主角。
2　*Children of Adam, Song of Myself*，出自惠特曼的《草叶集》。

尼读他翻译的这首诗，我们可以在不同的地方停下来讨论。

一九六八年六月 [1]

在金色的下午，

或者在可能象征

金色下午的宁静中，

那人整理着

摆在书架上的书籍，

触摸着羊皮纸、皮面、布面，

感到预期的习惯

和建立秩序

带来的愉悦。

斯蒂文森和另一个苏格兰人

安德鲁·兰 [2]，神奇地在这里

恢复了被海洋和死亡

1　收录于《为六弦琴而作·影子的颂歌》。

2　Andrew Lang（1844—1912），苏格兰学者、作家。

打断的娓娓讨论，

与维吉尔为邻

当然不会使雷耶斯不高兴。

(整理藏书

等于是默默无闻地

进行文艺批评。)

那人已经失明，

他知道不可能

辨读他摆弄的美丽的书本，

书本也不可能帮他写出

与别的书本平起平坐的书本，

但他在或许是金色的下午，

在奇特的命运面前露出笑容，

找到了那些心爱的旧物，

给他带来的特殊的幸福感觉。

迪·乔瓦尼:《一九六八年六月》

在金色的下午，

或者在可能象征

　　金色下午的宁静中……

博尔赫斯：我虽然失明了，但是回到自己的书旁边，把它们放到书架上，还是感到了一种莫名的幸福，这是这首诗的全部意义所在。我觉得自己这么写很巧妙。事实上，整篇诗都在暗示他（就是我）是一个盲人。

迪·乔瓦尼：我也许要提醒你一下，这件事发生在你刚从哈佛大学待了一年回来的时候，你正在布置新的公寓。离开很长一段时间之后，重新回到自己的书旁边，愉快的心情溢于言表。

博尔赫斯：很自然，我刚回到家乡。我又抚摸到了这些书，感觉到了这些书，尽管我再也无法阅读它们。

迪·乔瓦尼：在金色的下午，

　　或者在可能象征

　　金色下午的宁静中……

博尔赫斯：这是暗示失明的地方。我不知道下午是不是金色的，因为我看不见。我在暗示着失明。幸福和失明是这首诗的中心主题。你们看，这是"在可能象征金色下午的宁静中"。据我所知，那完全可能是个凄凉的天气。

迪·乔瓦尼：……那人整理着

摆在书架上的书籍，

触摸着羊皮纸、皮面、布面……

博尔赫斯：在这儿，你们又一次得到提示，他是一个双目失明的人。你们有所察觉，但不是很明显。这些书的内容或文字没有提及。他不是用眼睛，而是用手指在享受这些书籍。

迪·乔瓦尼：……感到预期的习惯

和建立秩序

带来的愉悦。

博尔赫斯：我把这些书放到书架上时，知道自己会记住我把它们放在哪里，所以这一天意味着未来许多快乐的日子。这里还涉及这样一个想法：这仅仅是一个开始，今天我所做的事情将持续不断，一直延续到一个可能的甚至可以实现的未来。

迪·乔瓦尼：斯蒂文森和另一个苏格兰人

安德鲁·兰……

博尔赫斯：他们是我最喜欢的作家，也是朋友。

迪·乔瓦尼：……神奇地在这里

恢复了被海洋和死亡

打断的娓娓讨论……

博尔赫斯：这是因为斯蒂文森先于安德鲁·兰去世。安德鲁·兰在《书海历险记》中，写了一篇有关斯蒂文森的好文章。他们是挚朋，我想他们俩在一起有过很多精彩的文学谈话。这是两个我自己钟爱的人，就好像我认识他们一样。如果我必须起草一份朋友名单，我不仅会算上我个人的朋友、我亲近的朋友，还会包括斯蒂文森和安德鲁·兰。他们也许不赞成我写的东西，但是一个纯粹的南美人，隔着时间和空间，因为他们的作品而喜欢他们，我想他们是会高兴的。

迪·乔瓦尼：……与维吉尔为邻

当然不会使雷耶斯不高兴。

博尔赫斯：我提到阿尔方索·雷耶斯，因为他是我最好的朋友之一。我年轻时在布宜诺斯艾利斯，不过是莱昂诺尔·阿塞韦多的儿子或者博尔赫斯上校的孙子，名不见经传。雷耶斯不知怎么地预言我会成为一名诗人。请记住，他当时闻名遐迩，他使西班牙语散文获得新生，是一位非常优秀的作家。我记得以前常常把自己的手稿寄给他，他会读出不是写在手稿上的文字，而是我想要写的东西。然后他会告诉人们，这个年轻人博尔赫斯写了一首十分精彩的诗。没有雷耶斯魔法般的能力，人们读下来只会看到我的笨拙而已。我不知道雷耶斯是如何做到的，他读出我想要写但由于在文学上的迟钝木讷未能写出的词句。

对我来说，维吉尔代表着诗歌，所以我把他写入诗中。切斯特顿谈吐诙谐，聪明过人，在提到一个被指控模仿维吉尔的人时说，欠维吉尔如同欠大自然，不存在抄袭一事。维吉尔与天地同在。如果我们从维吉尔那里摘取一行诗，我们可以说从月亮、天空或树林那里摘取了一行诗。我当然知道，雷耶斯在他自己的秘密天堂里会很高兴地发现自己紧挨着维吉尔。不管怎样，我认为在书房里摆放书籍——以温和谦虚的方式——是一种文学批评。

迪·乔瓦尼：这是接下来的三行，博尔赫斯。

……（整理藏书

等于是默默无闻地

进行文艺批评。)

博尔赫斯：是的，我完全缺乏创新能力。我必须依赖那位南美小作家博尔赫斯。

迪·乔瓦尼：那人已经失明……

博尔赫斯：现在你们明白，这个人双目失明。这句诗我们可以称为关键语，核心事实——双目失明中的幸福。我是随口说出的。我没说这是一个双目失明的人，因为那种说法不留余地，太肯定了。然而，"那个人，顺便说吧，已经失明"，我觉得更有效果。这是不同的口吻；你必须顺势把信息插进去。

迪·乔瓦尼：……他知道不可能

辨读他摆弄的美丽的书本，

书本也不可能帮他写出，

与别的书本平起平坐的书本……

博尔赫斯：那时，我有很多写书的计划。我希望我能写一本关于古英语诗歌的书，或者一部长篇小说或者短篇小说集。与此同时，我怀疑我是否真的能做到。不管怎么说吧，这些书就成了朋友似的——一种朋友似的鼓励。

迪·乔瓦尼：可是自从这首诗之后，你已经写了两本书了。

博尔赫斯：好吧，那就对不起了。我必须道歉。我避免不了写作——这是个坏习惯！我有一件趣闻可以说，因为我毕竟不是当着大家的面讲，而是和你们一个个地——推心置腹。我记得有一次我跟我的一个旧日情人交谈。她是布宜诺斯艾利斯最美丽的女人，我曾经爱上了她，但她老是拒绝我。她第一次见到我时，就做了一个手势，意思是说，"别！别向我求婚。别！"但在这一切结束后，我们之间有了一个老笑话。我曾经对她说："嗨，我们已经认识很长时间了，我们又在这儿……"我又要开始多情了。然后她对我说（她是爱尔兰-挪威人），"别，我只是个坏习惯。"我有写作的坏习惯，不由自主。

迪·乔瓦尼：……但他在或许是金色的下午……

博尔赫斯：又一次提醒人们他双目失明。

迪·乔瓦尼：……在奇特的命运面前露出笑容，

找到了那些心爱的旧物……

博尔赫斯：失明却由于拥有书籍而获得乐趣，这是一种奇怪的命运。此外，我还在布置一个新家，期待着不同形式的幸福。

迪·乔瓦尼： ……给他带来的特殊的幸福感觉。

博尔赫斯： 这首诗完全是自传体的。后来我又想，根据同样的经历，可以尝试一些别的东西。但是我试了第二次之后说，"我应该更有创意，应该把自己全忘了；我应该写童话或寓言——或许模仿卡夫卡。"我那时雄心勃勃——也许我依然雄心勃勃！不管怎样，我最终还是写了一首冒牌的中国诗。从许多细节中，你可以看出这是中国诗。实际上，这首诗是一种变换。与《一九六八年六月》一诗的经历相同，只是经过变形的。对不经意的读者来说，这两首诗也许不相同。但是我知道它们是一样的——请相信我的话。

书籍保管人 [1]

那里有花园、庙宇和庙宇的考证；

乐谱和词源，

八卦的六十四爻，

---

1 收录于《为六弦琴而作·影子的颂歌》。

上苍给人们的唯一智慧——礼仪，

有那位皇帝的尊严，

世界是他的镜子，

反映了他的宁静，

以致田野结出果实，

江河不会泛滥；

独角兽受伤归来标志着终结，

隐密的永恒法则，

世界的和谐；

我守护的塔楼里的书籍

包含那一切或者它们的记忆。

鞑靼人骑着长鬃小马

从北方进犯；

天子派去征讨的军队

被他们消灭殆尽，

他们燃起连天兵火，

嗜杀成性，不分良莠，

杀死锁在门口看守的奴隶，

奸淫妇女，然后弃若敝屣，

他们向南方挺进，

像猛兽一样没有理性，

像刀一样残忍。

在犹豫不决的黎明，

我父亲的父亲抢救了那些书籍。

把它们藏在我目前所在的塔楼，

我回忆着别人的日子，

与我无关的那些古老的日子。

我没有日子的概念。

书架很高，不是我的年岁所能及。

几里格的尘土和梦幻包围着塔楼。

我何必欺骗自己？

事实是我根本不识字，

但是对一个饱经沧桑、

看到城市沦为荒漠的人来说，

想象和过去的事物已无差别，

想到这里，我觉得宽慰。

有什么能阻止我梦想：

有朝一日我能破译智慧，

用勤奋的手画出那些符号？

我姓向。我是书籍保管人，

那些书或许是硕果仅存，

因为我们对帝国

和天子一无所知。

这里有高高的书架，

近在咫尺而又远在天际，

像星辰一样隐秘而又可见。

这里有花园、庙宇。

迪·乔瓦尼：《书籍保管人》

　　　　　那里有花园、庙宇和庙宇的考证……

博尔赫斯：你们瞧，花园和庙宇会让人想到一些异国和古老的东西。

迪·乔瓦尼：……乐谱和词源，

八卦的六十四爻……

博尔赫斯：我那时正想到《变化之书》，也就是《易经》，书中的六十四卦，每卦六行。

迪·乔瓦尼：……上苍给人们的唯一智慧——礼仪……

博尔赫斯：在诗中，我努力成为中国人。你们看到了六十四卦、礼仪和上天。我努力成为中国人，犹如亚瑟·韦利[1]的好学生一样。

迪·乔瓦尼：……有那位皇帝的尊严，

世界是他的镜子，

反映了他的宁静……

博尔赫斯：那是抄袭孔子的——当然是经过翻译的。

迪·乔瓦尼：……以致田野结出果实，

江河不会泛滥；

独角兽受伤归来……

博尔赫斯：那是指孔子的生平或传说。好像是说，当他

---

[1] Arthur Waley（1889—1966），英国汉学家，文学翻译家。

母亲要生他的时候，一只独角兽出现了（我见过那只独角兽的照片），一条河流从那只角开始流淌。随着时间的推移，那只独角兽回来了，孔子知道他的生命已经结束。这让我们想到马克·吐温和哈雷彗星。这两件事同时出现同时消失，妙不可言——独角兽和孔子，彗星和马克·吐温。

迪·乔瓦尼：……标志着终结……

博尔赫斯："标志着终结"可能太现代了。在我这辈子，人们往往会认为国家正走向崩溃。事实上，国家总是走向崩溃，又总是得到拯救——不管怎样。

迪·乔瓦尼：……隐密的永恒法则，

世界的和谐；

博尔赫斯：我想，这很中国，也很先知先觉。

迪·乔瓦尼：我守护的塔楼里的书籍

包含那一切或者它们的记忆。

博尔赫斯：在这儿，我扮成一个中国人，回到了我的第一首诗。

迪·乔瓦尼：鞑靼人骑着长鬃小马

从北方进犯……

博尔赫斯：马必须矮小，因为如果我说"鬃毛蓬松的高头大马"，那会过分高大炫目。写成小马错不了。

迪·乔瓦尼：天子派去征讨的军队

　　　　被他们消灭殆尽，

博尔赫斯：在这里，我想让读者为天子感到遗憾，他派军队惩罚这些蒙古人，却一败涂地。

迪·乔瓦尼：他们燃起连天兵火

　　　　嗜杀成性[1]，不分良莠……

博尔赫斯：我得为砍脖子描写向大家道歉。我只是一个阿根廷人——这是我们的一个习惯。事实上，我的一个祖先也是被砍了脖子的。砍脖子干净利落，我认为比坐电椅要痛快得多。

迪·乔瓦尼：他们燃起连天兵火，

　　　　嗜杀成性，不分良莠，

　　　　杀死锁在门口看守的奴隶……

博尔赫斯：这好像是东方国家的一种习惯。庄子好像写

1　原文为"砍人脖子"。

97

过这样的事，一个下人被铁链锁在门上。还有福楼拜的《萨郎宝》，当汉尼拔走进去看他的宝藏时，也有一个奴隶被铁链锁着。

迪·乔瓦尼：奸淫妇女，然后弃若敝屣，

他们向南方挺进，

像猛兽一样没有理性，

像刀一样残忍。

博尔赫斯：是的，想到他们，我就会想到豺狼，而不是人。

迪·乔瓦尼：在犹豫不决的黎明，

我父亲的父亲抢救了那些书籍。

把它们藏在我目前所在的塔楼，

我回忆着别人的日子，

与我无关的那些古老的日子。

博尔赫斯：这必须是一座塔楼，因为在村落遭摧毁之后，塔楼还继续矗立着。从塔楼上，他可以看到很多东西。如今我直面现实，他看不见了。

迪·乔瓦尼：我没有日子的概念……

博尔赫斯：你们看，他自始至终没在说实话。

迪·乔瓦尼：……书架很高，不是我的年岁所能及，

几里格的尘土和梦幻包围着塔楼。

博尔赫斯：最初，我在阿莉西亚·胡拉多[1]的大庄园里用西班牙语写了这一行，"几里格的尘土和梦幻"。后来，她把它作为一本书的书名。

迪·乔瓦尼：我何必欺骗自己？

事实是我根本不识字，

博尔赫斯：我——一个非常老派的人——苦恼重重。我说到这个双目失明的人，失去了读书的能力，接着我又说了一些更惨的事——他是一个文盲，从来就读不了书。他的命运，在某种意义上，曾经是，或者说一直是——我不知道我该用哪个词，因为这一切都是想象出来的——比我的更惨。我至少读过斯蒂文森的书，但他却读不了给予他智慧的书。

迪·乔瓦尼：……但是对一个饱经沧桑、

看到城市沦为荒漠的人来说，

想象和过去的事物已无差别，

1　Alicia Jurado（1922—2011），阿根廷作家、学者。

想到这里，我觉得宽慰……

博尔赫斯：他知道这些，尽管他并没有真正看见过。

迪·乔瓦尼：有什么能阻止我梦想：

有朝一日我能破译智慧，

用勤奋的手画出那些符号？

我姓向……

博尔赫斯：这个名字我是从庄子的书中得到的，但是我不知道该怎么发音。

迪·乔瓦尼：……我是书籍保管人，

那些书或许是硕果仅存，

因为我们对帝国

和天子一无所知。

博尔赫斯：在这里，又是一个文明毁灭的想法。

迪·乔瓦尼：这里有高高的书架，

近在咫尺而又远在天际，

像星辰一样隐秘而又可见。

博尔赫斯：你们在第一首诗中读到的书籍的秘密存在，我又一次谈到了。这第二首诗可以被认为是一种寓言，但是我依然是根据个人经历写的。

迪·乔瓦尼：结尾的一行：

> 那里有花园、庙宇。

博尔赫斯：完全出乎我的意料，我认为这是一首相当不错的诗——尽管是我写的。我不知道你们是怎么想的？

提问：他还能从塔楼内看到花园和庙宇吗？

博尔赫斯：不能。整个城镇已经摧毁了。我想说的是，一个失去的秩序——文明，仍然可以在书中找到。在这首诗中，我想到了被蒙古人摧毁的文明。然而，这个秩序——亚洲文明，比如说一个多世纪前那儿所发生的一切——仍然存在于书中，只是没有人能够破译，因为这个人是唯一存活下来的，而他却双目失明。

提问：你认为可以用多种语言写大型诗歌作品吗？

博尔赫斯：我不知道是否已经有人做到了。我认为用一种语言写出大型诗歌作品已经相当困难，也许在中世纪有人能够做到——比如用拉丁语。我们可以仔细看看艾略特[1]的例

---

1 Thomas Stearns Eliot (1888—1965)，出生于美国的英国诗人、剧作家、文学批评家和编辑。他在 1948 年获得诺贝尔文学奖。

子。我不确定他是不是大诗人，但是我确定他用法文写的诗糟糕透了。我记得另一个例子——鲁文·达里奥[1]，他精通法语，语感不错。他曾试着用法语写诗，结果不堪卒读。乔治·摩尔[2]自认为是一个优秀的法语学者；我不这样认为。他的法文诗一无是处，简直是笑话。弥尔顿是一位伟大的英国诗人，但我认为他用意大利语写诗只是作为一种练习。

提问：你可不可以说一下超现实主义对美国年轻诗人的影响？

博尔赫斯：我对超现实主义知之甚少，但是德国表现主义作家我读得真不少，他们先于超现实主义。我曾尝试将威廉·克莱姆[3]、约翰内斯·贝赫[4]和奥古斯特·斯特拉姆[5]等诗人的作品翻译成西班牙语——他们都为《行动》[6]杂志写过诗。当然，这些诗是翻译不出来的。这些诗的美取决于复合

---

1 Rubén Darío（1867—1916），尼加拉瓜诗人、新闻记者、外交家，拉丁美洲现代主义文学运动的代表人物。

2 George Moore（1852—1933），爱尔兰小说家、文人。

3 Wilhelm Klemm（1881—1968），德国诗人。

4 Johannes Becher（1891—1958），德国诗人、评论家、编辑、政府官员。

5 August Stramm（1874—1915），德国诗人。

6 Der Aktion，二十世纪初德国的一本文学和政治期刊。

词，你用西班牙语做不到，结果失败了，惨不忍睹。翻译乔伊斯也同样如此。回到你提的这个问题上，我想，当你谈到超现实主义时，你想到的是一种超越现实的诗歌。在超现实主义诗人之前，就有超越现实的尝试，其中有些作品要好得多，你知不知道？《爱丽丝梦游仙境》和《爱丽丝镜中奇遇记》就是例子。在叶芝的诗句中也能看到。在其中一首诗中，他说到"被海豚撕裂、被钟声折磨的大海"。他想到的不是地理概念上的海洋，不是想象中的海洋，更不是梦境中的海洋。他经常创造新的东西，如果这种创造行得通，那就是合情合理的。从理论的角度来看，所有的实验都应该尝试，一切都有可能。我一开始的发言仅仅是针对这样一个事实：运用常用的形式比尝试和发明新的形式更容易些；无论如何，熟悉所有的形式比打破规则另起炉灶更保险。每个年轻诗人都认为自己是亚当，给万事万物取名字。事实是，他不是亚当，他背后有一个悠久的传统。那个传统就是他正在写作的语言和他读过的文学。我认为对一个年轻的作家来说，比较明智的做法是暂时推迟发明和冒险，只是像他所推崇的优秀作家一样努力去写。斯蒂文森说，他一开始"猿猴学人"，模仿黑兹利特[1]。当然，"猿猴学人"这句短语证明了斯蒂文森的独创性。我认为黑兹利特不会使用"猿猴学人"这个表达。

迪·乔瓦尼：你想说一些关于你写诗的实际情况吗？我们刚刚读的诗最初是用西班牙语口述的。在你开始口述之前，一首诗有多大部分在你脑海中已经呼之欲出？你念出来的是什么？

博尔赫斯：当然，我先念给自己听。我在吉卜林的《谈谈我自己》中读到，每行诗他都一一试过，直到诗句炉火纯青，他才会写下来。我也如法炮制。我之前说过，我的初稿总是在街上来回徘徊中完成。一旦发现自己到了忘却的地步，我才口述我所记住的。如果我不口述下来，我就不得不记在脑中。然后，我会继续下去，推敲再推敲。

麦克沙恩：我想知道下一阶段的事。你如何斟酌你口述下的诗句？

迪·乔瓦尼：他不对我口述西班牙语的诗。

博尔赫斯：我不对你口述的一个原因是，我可以在这儿

1　William Hazlitt（1778—1830），英国作家。

放心地说，我有一个工作效率极高的秘书，效率高到愚不可及的地步。举例说吧，我原本想说"我是（I am）"，假设我说错了，说成"我是（I is）"，她会照写不误。我的朋友迪·乔瓦尼可以作证，在读我的手稿时，他时不时会突然遇上"句号""分号"这些词。但是，我跟她在一起觉得很放心，不会觉得自己很傻。她人很好，又很喜欢我，这样事情就容易得多。相反，我想对我母亲口述就相当困难。她会说，"不，这样写不行！""你到底是怎么会想要这样写的！"那位脾气暴躁的老太太仅仅九十五岁而已。

迪·乔瓦尼：还有另外一个原因：我不能一边记录他的口述，同时做其他必须做的事，因此有分工的不同。

博尔赫斯：你为什么不能记录我的口述？

迪·乔瓦尼：这是因为你上午进行口述，而我在家准备我们下午要做的工作。

博尔赫斯：当然，是我的错。他上午准备，我们下午翻译。这样说吧，他把所有的工作都包了，真的。

迪·乔瓦尼：但是，当我们偶然外出，而那位出色的女士不在我们身边的时候，我也做口述记录。我记录口述的态度介于那位女士和他母亲中间：是分号，我就写分号标点；我也不会直截了当地评论内容。

博尔赫斯：我母亲对我很挑剔。

迪·乔瓦尼：我对他所有的批评，是在我们翻译的时候。博尔赫斯，我有一个想法，我们为什么不试一试那首题为《卫兵》的诗？

博尔赫斯：好的。这首诗西班牙语称为 *El centinela*。

卫　兵 [1]

亮光照了进来，我蓦然清醒；他就在那儿。

他开口对我说出了自己的名字，那就是（已经可以想象）我的名字。

我重又变成为了奴隶，在这十年里，这种情况有过不下十七次。

他将他的记忆强加给了我。

1　收录于《老虎的金黄》（林之木译，上海译文出版社，2016 年）。

他将日常的琐事、做人的秉性强加给了我。

我成了他的老看护，他强迫我为他洗脚。

他透过镜子、桌面和店铺的玻璃窥视着我。

这个或那个女人拒绝过他，我应该分担他的痛苦。

此刻，他在向我口授着这首诗，而我却一点儿都不喜欢。

他要求我糊里糊涂地学习那难学的盎格鲁-撒克逊语。

他使我把一些死去了的军人当成崇拜的偶像，而我却连一句话也不可能跟他们交谈。

在最后一阶楼梯上，我感觉到了他就在我的身边。

他与我同行、和我同声。

我对他恨之入骨。

我高兴地发现他几乎已经双目失明。

我身处一间圆形的囚室，环状的墙壁越缩越紧。

我们互不欺骗对方，但却又都在说谎。

我们之间相互了解得太深，形影不离的兄弟啊。

你在喝我杯中的水、在咬我手中的面包。

自戕者的大门正开着，不过，神学家们断言：我将在另一个王国的无边黑暗中，等待着我自己。

博尔赫斯：好啦，就这些。

迪·乔瓦尼：你想谈谈另一部自传体作品吗？

博尔赫斯：我还写了另一首诗，叫做《博尔赫斯和我》[1]。这两首诗显然是相同的，然而也有一些不同之处。在《博尔赫斯和我》中，我关注的是非公众人物和公众人物之间的划分。在《卫兵》中，我在意的是每天早晨醒来，发现自己是博尔赫斯的感觉。醒来的第一件事就是想到我的种种烦恼。醒来之前，我什么都不是，也许是芸芸众生，万物一切——人类对睡眠了解甚少——一旦醒来，我感到压抑，我不得不做回博尔赫斯，心为形役。所以，这是一种不同的对比。这是我内心深处的感受——我因为不得不做某个特定的人、生活在某个特定的城市、生活在某个特定的时间等等而备感受束。这可以被认为是《化身博士》主题动机的一个变奏。斯蒂文森是从道德的角度来思考这种分裂的，但是这首诗里涉及的不是道德，而是在这两者之间的分裂：一方面是成为一切或者并非特定事物的崇高而美好的想法，一方面是变成某

1　收录于《诗人》（林之木译，上海译文出版社，2016 年）。

一个人的事实。这是泛神论——就我们所知，我们在睡梦中就是上帝——和仅仅当纽约的博尔赫斯先生之间的区别。不管怎样，我想最后再说一些看法。在整首诗中，始终发生着一种转换——我是一个人和我是两个人之间的转换。例如，有时候我说到"他"，诗中的其他时刻我又相当孤独，被一个无穷无尽的环形世界围绕着，圈在里面。最后，我遇到了自己。始终有一种人格分裂的想法。有时候我依赖于另一个的比喻，即"卫兵"的比喻。其他时候，他在楼梯的顶端等着我，然后下一行，他在我的内心里，他是我的声音，或者他在我的脸后面。这种游戏一直持续到最后。我接着说自杀的门是敞开的——斯蒂文森在他的一部小说中写了自杀的大门，阿斯图里亚斯[1]也用过——但是自杀无济于事。如果我是永生不死的，自杀起不了作用。

迪·乔瓦尼： 您想说说原版本中最后一行的修改吗？原来的句子，大体是"你会在那里等我"，你还记得吗？

博尔赫斯： 一开始，我写道，"你会在那里等我。"然后

1　Miguel Angel Asturias（1899—1974），危地马拉诗人、小说家和外交官。1967年获诺贝尔文学奖。

我想如果说"我发现自己就在那里……"，效果会更好。这句诗强调了正如苏格兰人说的，fetch[1]——一个人看见了自己。我认为，在犹太人的迷信中，如果一个人遇见了自己——德国人称之为Doppelgänger[2]——他就会看到上帝。在类似的苏格兰迷信中，如果你遇见了自己，你就遇见了真正的自我，这另一个自我会来将你取走。这就是苏格兰人把"Doppelgänger"称为"fetch"的原因。我想你在埃及宗教中能找到类似的东西，分身被称为"卡"（ka），不过我对埃及神话的了解相当不靠谱。

迪·乔瓦尼：关于最后一行，我想再说一句话。这首诗第一次印刷出版后，博尔赫斯在我们翻译时有了这个新的想法，所以英文版我们改了这一行。在这首诗出版……

博尔赫斯：或者说问世……

迪·乔瓦尼：在用西班牙语出版前，这首诗会再一次被阅读，届时博尔赫斯可以决定他更喜欢哪个版本。

博尔赫斯：我已经决定了："等待着我自己。"

1　苏格兰方言，（活人的）灵魂。
2　德文，活人的魂魄；二重身，分身。

第三部分
翻　译

哥伦比亚大学的翻译研讨会每周一次，致力于实际的作品翻译，而不是翻译的研究。学生将自己从各种不同语言翻译的作品拿来讨论。根据所涉及的不同语言，专业翻译从业者会受邀主持个别研讨会。小组各成员齐心协力，每个人都努力将作品更好地翻译成英语。大多数学生都是注册在文学院写作学部的年轻诗人和散文作家，所有尝试的翻译作品都是文学作品。

博尔赫斯和诺尔曼·托马斯·迪·乔瓦尼来到研讨会时，先就这一课程的目的作一番解释。接着，博尔赫斯作了总体发言。

博尔赫斯：今天早上我想到了一个奇怪的悖论，尽管我可能已经思考很多很多年了。我认为有两种合理的翻译方式：一种是字面上的翻译，另一种是重新创作。悖论是——当然，"悖论"的意思是看似谬误实则正确——如果你想标新立异，譬如说，如果你想让读者大吃一惊，你可以按字面意思翻译。我举一个明显的例子。阿拉伯语我一窍不通，但我知道有一本书叫做《一千零一夜》。让·安托万·加朗[1]翻译成法语时，他把这本书翻译成 *Les Mille et une Nuits*[2]。伯顿船长[3]翻译了该书，很有名，他直译了书名。他遵循原文的阿拉伯语单词顺序，将书名译为《一千夜和一夜之书》(*The Book of the Thousand Nights and a Night*)，因此他创作了一些在原文中没有的东西。对于懂阿拉伯语的人来说，这个书名一点也不古怪；这是正常的表达方式。但在英语中，听起来很古怪；就此例而言，字面翻译达到了某种美。

现在让我们举一个相反的例子——不是逐字逐字地字面

---

1 Jean Antoine Galland（1646—1715），法国东方学者、考古学家。

2 法文，《一千零一夜》。

3 Richard Fracis Burton（1821—1890），英国探险家、学者。

翻译，译者想在原文基础上重新创作。我想你们都知道关于科学的那句拉丁语句子，"Ars longa, vita brevis[1]"。乔叟把这一句译成英语时，没有写"艺术长久，生命短暂"，这样会索然无味，而是翻译成："生命如此短暂，艺术的学习如此漫长。"（The lyf so short, the craft so long to lerne.）在翻译过程中，他加了"学习"一词，赋予了原文中所没有的一种令人神往的音乐感。

我认为，这些都是合理的、相当不错的翻译范例。再举一个例子，用英语你们说"Good morning[2]"，而我们用西班牙语说"Buenos días[3]"，直译是"白天好"，白天是复数。从字面上翻译这句西班牙语，可能会产生某种异国情调或某种美。当然，这一切完全取决于你们想怎么做。如果我可以谈论自己的作品，如果我的表达方式或多或少比较直白，那么译者就有权重新组织语言。

提问：我想知道，你们俩一起将短篇小说翻译成英语时，

---

1 拉丁文，艺术长久，生命短暂。也有译作"技术千秋，人生朝露"。
2 英文，早上好。
3 西班牙文，你好。早上好。

如果发现自己不知不觉有了新的想法，你们会不由自主地想去重写吗？

迪·乔瓦尼：我们有时会突然想到一个特别恰当的单词或短语，这时我们也许会改进原文。还有，由于英语的性质，在翻译中我们需要更实际、更具体、更确切的表达，就有可能去改进原文。但是这些都不是重写，我们不重写原文。让我举一些具体例子，可以称之为"从文本出发"。《佩德罗·萨尔瓦多雷斯》，这是一个发生在一百多年前根据历史事实而写的故事，博尔赫斯称他的三个角色是"一个男人，一个女人，一个独裁者巨大的阴影……"独裁者没有被点出名字，因为每一个阿根廷读者都知道他是谁，但是为了那些英语读者，独裁者的名字必须拼写出来。在适当的地方，我们在译文中加了一句："独裁者当然就是罗萨斯。"在《决斗》的结尾，英文译本中有一句话是西班牙语版本中没有的。博尔赫斯写了两位女画家对彼此的影响，接着说这是很自然的，因为她们相互青睐。在翻译时，我们具体说明了这种影响，加了这句话："克拉拉画中日落的余晖映入玛尔塔·皮萨罗的庭院，玛尔塔对直线情有独钟，简化了克拉拉最后阶段的华丽。"当然，我可以举出《布罗迪报告》中的一些例子，在翻译时博尔赫斯看到了新的可能性，欣然在原文中做了一些小小的修改。西班牙语的《布罗迪报告》第三和第四版都包含了这些新的润饰。在《马可福音》的结尾还添加了一些内容，但这是博尔赫斯自己的决定。在这篇小说完成之后几个月，他又一次听了西班牙语的版本，才作出这个决定。我们翻译手稿时——《布罗迪报告》的大部分都译自手稿，我有时会指出一些笔误，或建议改上一两处，这些改动我们会马上合并到西班牙语的版本中。在《遭遇》[1]中，我们在英文译本里直接写了一些对话，另添了几句话。完成后，我们将这些句子翻译成西班牙语作为"原文"。

提问：你们一起合作时，坚持原文有困难吗？有没有新的影响掺和进来？

迪·乔瓦尼：不，我从来没有这种感觉。

博尔赫斯：我们一起工作时，不会感到我们是两个人。我们两个头脑目标一致。

1　收录于《阿莱夫》。

迪·乔瓦尼：还有，博尔赫斯写得很好，一开始就很清楚他在做什么，因此没有什么会吸引我去写一个不同的故事。坚持他的原文是一种乐趣。

提问：博尔赫斯看来英语很好，我想知道他为什么需要一个译者？

博尔赫斯：没有，没有。我太尊重英语了，不敢冒昧自己翻译。

迪·乔瓦尼：有他在场，让我对他的英语说长道短可有点难。但既然这是一个研讨会，我就说吧。

博尔赫斯：你太犹犹豫豫了。

迪·乔瓦尼：博尔赫斯的英语口语好得令人难以置信，但是写的时候却很僵硬，很正式。话说回来，我们不都有这种倾向吗？

博尔赫斯：我敢说，我们都想成为约翰逊[1]博士。

迪·乔瓦尼：另外，博尔赫斯的英语是从一位英国老太太那儿学的，她十九世纪六十年代末就离开了英国。博尔赫

1　Samuel Johnson（1709—1784），英国诗人、评论家和辞典编纂者。

斯是在本世纪初，还是个孩子的时候学的，也就是她离开英国三十多年后。

博尔赫斯：很自然，我挺老派的；我完全是维多利亚时代的。

迪·乔瓦尼：我嘲笑他那口爱德华时代的英语，但是过去三年以来，我一直在努力让他成为一个地道的美国人。

博尔赫斯：没有，没有。我还是喜欢"lift"而不是"elevator"，我不会想到去说"garbage cans"，而说"dust bins"[1]。

迪·乔瓦尼：不过我已经教会他说"crap[2]"，只是他不完全这样用。他会说，"这些，正如你说的，crap"。

博尔赫斯："这些，正如我说的，tommy rot[3]"，我敢说早已过时。应该是"stuff and nonsense[4]"。

迪·乔瓦尼：当然，他不翻译自己的作品也有实际原因。翻译一事，就博尔赫斯本人而言，他不想，也不感兴趣。他也没有时间，更不用说失明所造成的障碍。让我再说一句，我那

---

1 lift 和 elevator 分别是英式英语和美式英语中的电梯。garbage cans 和 dust bins 分别是美式英语和英式英语中的垃圾桶。
2 英文，废话，胡扯。
3 英文，废话，胡扯。
4 英文，废话，胡扯。

时每天都在博尔赫斯身边，花了好几个月的时间，才确定他的英语我哪一些可以用，哪一些必须舍弃。例如，有时就我们是否应该使用像"方向"（direction）这样的词，他会犹豫不决，他不相信这是一个常用词。在英语中，我们可以发挥动名词结构的优势，而我不得不去说服他这一点。动名词结构在西班牙语中的功能完全不同，博尔赫斯讨厌使用动名词结构。

提问：你们如何看待现代主义？你们关心语言的纯洁性吗？

博尔赫斯：如果我能用十八世纪的英语写，那么我一定会发挥出色。但我不能。一个人不能随心所欲地成为艾迪生[1]或约翰逊。

迪·乔瓦尼：他生活在当代。他是现代人，由不得他自己。

博尔赫斯：我不知道做一个现代人是否重要。

迪·乔瓦尼：但你是现代人，对此你无能为力。

博尔赫斯：是的，我想我无可奈何。

迪·乔瓦尼：不管怎样，博尔赫斯新的短篇小说，都是以五六十年前的布宜诺斯艾利斯为背景。

1　Joseph Addison（1672—1719），英国散文家、诗人、剧作家和政治家。

博尔赫斯：是的，这对我来说更容易。总有人告诉我说，人们不这样说话，也不那样说话。但是，如果我专门写六十年前布宜诺斯艾利斯的贫民窟发生的事情，没有人完全知道当时人们是怎么说话的或者说些什么。只有少数像我这样上了年纪的人才知道，而他们也差不多把这些全忘了。

迪·乔瓦尼：现代主义的问题压根就没有出现在博尔赫斯的作品中。我是说总体而言，不仅仅针对这些新的故事。他的散文有一种永恒的品质。作为一名作家，他关心语言的纯洁性——非常关心。我们在翻译中不知不觉地遵循这种关切。偶尔也会冒出一些与现代主义相反的东西——古词古语。我们更有可能遇到后者。有一个小故事，题为《两个国王和两个迷宫》。我们故意赋予它一种古老的风格。正如博尔赫斯后来所描述的，我们想让这个故事听起来像"《一千零一夜》中被莱恩[1]或伯顿忽略的一页"。在翻译这个故事时，我潜心研究伯顿。"啊，时间之王，世纪的精华和大成！"我想我当时是从伯顿的译本中直接照搬过来的，这也正是博尔赫斯的

---

1 Edward William Lane（1801—1876），英国东方学者、翻译家，曾翻译《一千零一夜》。

初衷。

提问：那么对话呢？你是如何让源于五十年前布宜诺斯艾利斯的对话被当代读者所接受的？

迪·乔瓦尼：我认为这是一个不可能回答的问题，因为几乎所有的翻译问题都是不可能回答的，除非我们面前摆着字词，能够具体地对待。所有的情况都是不同的。首先，整个翻译是凭听觉完成的，没有条条框框。

博尔赫斯：我们如果不加区别，一概而论，反而什么也干不了。

提问：让我换一种方式来说吧。在这个研讨会上，我们有时会介绍一些按字面翻译的十九世纪写的文字，因此听起来早已过时。凭着迪·乔瓦尼的听觉，过时的文字可以避免吗？

博尔赫斯：我们是在朝着英语口语的方向努力。当然，这是不可能的，但是我们努力模仿口语。我们确实尽量避免书面英语，书面英语是完全不同的。

迪·乔瓦尼：我认为最容易翻译的是对话，因为对话不能按字面来翻译。你必须先在头脑里说出原文，然后想一想："我用英语怎么说呢？"没有其他的办法。对话的翻译始终是意译，很少有例外。当然，博尔赫斯的故事中对话少得可怜，这点是出了名的。你们常常读到的不是对话，而是叙述者用第一人称口述一个故事。《罗森多·华雷斯的故事》《小人》和《胡安·穆拉尼亚》[1]都是采用这种形式。这里的问题是让整个叙述听起来像在说话，但是没有对话——换句话，我应该说，是独白。在叙述的同时，你应该暗示这是口语。这是个诀窍。但这主要是一个写作问题，完完全全不是翻译问题。

提问：我只是想说一些关于用现代英语写作的问题。我在翻译《格林童话》，我的想法是用绝对现代的英语写，尽可能避免使用俚语，因为这是一个古老的童话故事，俚语会破坏这种感觉。

迪·乔瓦尼：你遇到了一个棘手的难题，因为你所要翻译的内容，实际上人人都知道。我最近读了《格林童话》的现代译本，但是我觉得不忍卒读，因为它没有给我我想要的感觉，就是一个小孩读童话的那种兴奋感觉，重新捕获那种经历的感觉。我没有体验到所有古老的味道。

1　均收录于《布罗迪报告》。

提问：但是如果我用一种过时的语言，如果我让角色"gaze"而不是"look"，我就失去了一切。

迪·乔瓦尼：与我相比，你的任务是困难的，因为我有博尔赫斯在这里，他是我的同时代人。我可以随时随刻问他，"你的意思是'gaze'还是'look'？"但是我认为不应该故意使用过时的语言，除非你追求特殊效果，类似我提到的让读者联想到《一千零一夜》的效果。

提问：我想请你再多谈谈艾迪生、斯威夫特和斯梯尔[1]。当你聆听今天的英语时，与这些十八世纪的大师相比，你会觉得失去了什么吗？

博尔赫斯：人们认为十八世纪更加文明。那时人们所具有的讽刺能力、某种飘逸的笔触，我们似乎已经失去。

迪·乔瓦尼：但是十八世纪的散文并不存在于真空之中。它是那个时代的反映，就像我们的散文是我们时代的反映。我认为谈论优劣得失没有任何意义。

博尔赫斯：我记得乔治·摩尔说过，如果让他翻译左拉

1　Richard Steele（1672—1729），英国散文作家、剧作家、报刊撰稿人和政治家。

的《小酒店》，他就会避免所有的俚语，因为俚语始终属于某一个时代或某一个特定的地方。他说他会尝试用十八世纪的英语来翻译。我不知道他是认真的还是太聪明，或者是想耍小聪明。就我自己而言，我会尝试一种纯粹的、不带任何色彩的十八世纪英语。

迪·乔瓦尼：我已经听你说过不知多少遍了，博尔赫斯。你真的赞同这一点吗？你老是举这个例子。我自己对此是强烈反对的。

博尔赫斯：我认为俚语带有特定的地方色彩。如果你在研究用布宜诺斯艾利斯的俚语写的文字，譬如说，想把它翻译成美国流氓使用的俚语，你所得到的效果会大相径庭。

迪·乔瓦尼：在《玫瑰角的汉子》这篇小说中，我们曾试过一次，结果不太理想。一些评论家认为译文听起来像达蒙·鲁尼恩 [1] 和牛仔俚语的结合。我打算淡化文中的俚语，重新翻译，将小说的新译文编入《恶棍列传》中。我将按照博

---

1 Damon Runyon（1884—1946），美国记者、短篇小说家。他用纽约地方语言描写了小说中的人物、人物对话，因而他的名字成了形容词，专指他这一代纽约人的独特的社会类型和对话。

尔赫斯的建议去做，更加不带色彩，尽管我原则上是反对的。我认为一个翻译高手可以把故事转换成同等的美国俚语。

博尔赫斯：对译者来说，这篇小说还有另一个问题。我当时发表的时候，并不把它看作写实作品。我的原意是带舞台色彩的。我想让角色像戏剧演员一样说话。但是不知怎样，人们认为这是一个写实的故事。从那时起，我一直想说服人们，写实根本不是我真正的目的。

迪·乔瓦尼：我们翻译那个故事的时候……

博尔赫斯：这么多东西不得不去掉，难免惭愧而脸红。

迪·乔瓦尼：……我们想法掩盖文中的许多不足之处。

博尔赫斯：我们同时感到惭愧，我为自己感到惭愧。

提问：如果作者不坐在你身边，你打算承认这些不足之处吗？

博尔赫斯：你应该承认，为什么不承认呢？

迪·乔瓦尼：这是一个有趣的伦理问题，我不知道。我刚刚译完了罗伯托·阿尔特[1]的一篇短篇小说，其中有些部分

---

1 Roberto Arlt（1900—1942），阿根廷小说家、剧作家、新闻记者。

写得很糟糕，如果按字面意思翻译，我认为这篇小说是出版不了的。我去找阿尔特的女儿寻求帮助，就连她也不知该拿那些段落怎么办。她告诉我，她的父亲不受自我意识束缚的时候写得很好，一旦把自己当成"作者"，他往往写得乱糟糟。

博尔赫斯： 此外，你可以认为，作者原本是不存在的，只有缪斯女神或圣灵。

迪·乔瓦尼： 我认为不应该把原文或作者奉若神明，也不应该过于意识到你们是在翻译。我认为翻译工作应该被看作用英文写作。可惜的是，并不是每一个译者都有和作者携手一起工作的经验。这对我帮助很大，可以不拘泥于原文。博尔赫斯劝我"把原文抛在一边，不必拘束！"，这也消除了翻译的枯燥，更不用说你没有后顾之忧，不用怀疑自己对那些棘手段落的理解是对的还是错的。不管怎样，我反对字面上的翻译。一些最伟大的翻译作品对于原作仅是点到为止。

博尔赫斯： 例如，菲茨杰拉德。

迪·乔瓦尼： 当然，你越自由，下笔就会更自如。

博尔赫斯： 希伯来语我一窍不通，但我始终认为英王钦定版的《圣经》译本是非常优秀的，有可能比按字面翻译好。

迪·乔瓦尼：现在，我们将播放一段我们一起工作的录音磁带。当时我们开始了《塔德奥·伊西多罗·克鲁斯小传》[1]这个故事的翻译。你们将听到的是，我们俩隔着桌子逐字逐句的交流。但是在播放磁带之前，我应该解释一下我们的方法。

我先独自工作，准备一份初步翻译的手稿，然后带给博尔赫斯。我们每天下午工作，通常是在阿根廷国家图书馆。你们会看到，我给他念一句西班牙文的原文，然后念一句我的初译。有时我们觉得这些句子已经译得够好了，有时我们会进行大量的修改。博尔赫斯可能会纠正我，我可能会让他澄清一下。我们俩可能会建议另一种译法或译句的变化。我们不断地改写，力图让我们的语句保持通畅，没有间接的结构。在这一阶段，我们关心的是把所有的西班牙语转换成一种英语。为了做到这一点，我想确保我不仅完全理解原文，而且完全理解博尔赫斯的意图。随着这一阶段接近尾声，我

1　收录于《阿莱夫》。

们并不在乎译文很大程度上仍然是直译的，临时性的。通常我们让一些措辞的选择、短语的替代故意悬而不决。

译文中的要点被录在磁带上之后，我把添加了注释的草稿带回家，打印出来，开始对这些句子加以推敲润饰。此时此刻，我参考西班牙语原文的目的，通常是检查节奏和重点。这时，我将全部精力集中在语气和风格上。这是最困难，也是最费时间的阶段。

在最后阶段，我把基本完稿的译文带给博尔赫斯，念给他听，不再参考西班牙语原文。

博尔赫斯：在这个阶段，我们尽力把西班牙语原文完全抛在脑后。

迪·乔瓦尼：我们现在唯一的目的，是让这篇译文读起来好像是用英语写的。

博尔赫斯：当然，还有其他可能的翻译方法。

迪·乔瓦尼：但是对于我们来说，这是最有效的方法。在我开始之前，你们可以先看看西班牙语原文和完稿的英文译本，这是作品的第四个阶段。磁带所录的是我们在第二阶段的合作。请记住，在我们讨论的同时，我记着笔记，手忙脚乱，在我面前的一页页译稿上不断更改，字迹潦草。当我们沉默不语的时候，我们不是在做白日梦，而是在寻找措辞。

完稿的译文（部分）

我寻找自己的真实面貌，
世界形成之前它已形成。

叶芝:《盘旋的楼梯》

一八二九年二月六日，遭受拉瓦列哈穷追猛打的起义军撤离了南方，打算去投奔洛佩斯的部队。离开佩尔加米诺还有三四里格时，他们在一座不知名的农场停歇；拂晓时分，有一个人做了可怕的噩梦，他狂呼乱叫，惊醒了幽暗的棚屋里同他一起睡觉的女人。

迪·乔瓦尼：现在请你们注意在录音中，这个故事的开场展开得有多慢。我想我们一起花了连续两天的时间才完成这第一段。

博尔赫斯：让我们再回到当时的场景。

[录音]

迪·乔瓦尼：这个故事叫 *Biografía de Tadeo Isidoro Cruz （1829—1874）*。

博尔赫斯：当然，这些都是凭空想象的日期，是为了不让读者意识到，他正在读一篇出自《马丁·菲耶罗》的想象故事。

迪·乔瓦尼：现在来谈谈这个故事的名字。用《塔德奥·伊西多罗·克鲁斯生平》而不是《小传》，怎么样？

博尔赫斯：好的。我用"小传"（biography）这个词，想让整个故事更不像一首诗。但在眼下这种情况下，读者可能完全不知道有这样一首诗存在，因此我认为"生平"（The Life）也许更好。"小传"这个词或许也不是一个很好的选择，过于正经。

迪·乔瓦尼：这么说吧，"生平"有一种撒克逊人的语气。还有，我查了引自叶芝的题词："我寻找自己的真实面貌，/ 世界形成之前它已形成。"你说引自这本诗集

《盘旋的楼梯》，我想将出处改为这首《一个年轻又年老的女人》的诗，有人想查看也更容易。实际上，这首诗分成许多部分。

迪·乔瓦尼：讨论这一切的原因，是因为博尔赫斯故事的引语时不时有印刷错误。例如在《环形废墟》的引语中，我发现引错了《爱丽丝镜中奇遇记》中的章节。凡是博尔赫斯作品的西班牙语版本中的内容，都要打一个问号。

博尔赫斯：不过我认为这两行诗应该去掉——因为它们对这个故事没有任何提示作用。

迪·乔瓦尼：不，留着有用。我唯一想的是……

博尔赫斯：还有，你知道，这两行诗是不错的，那是柏拉图式的思想等等。

迪·乔瓦尼：我唯一想的是，我想用那首诗的标题，而不是诗集的标题作为引文的出处。

博尔赫斯：我用书名是因为书名不错。

迪·乔瓦尼：嘿，《一个年轻又年老的女人》这个标题也不错。

博尔赫斯：还有，这让我想起了图书馆，身边盘旋的楼梯……

迪·乔瓦尼：这是博尔赫斯一个记忆上的错误。这个故事是在他来到国家图书馆之前的十一年前写的。

迪·乔瓦尼：对，对。好吧，我们可以开始了吗？"El seis de febrero de 1829, los montoneros que, hostigados ya por Lavalle, marchaban desde el Sur para incorporarse a las divisiones de López, hicieron alto en una estancia cuyo nombre ignoraban, a tres o cuatro leguas del Pergamino… "我们可以从这儿开始。顺便说一下，这比《猜测的诗》[1]中的那些事早了大约六七个月，是不是？

博尔赫斯：是的，但是这个故事发生在布宜诺斯艾利斯省，那一个发生在圣胡安[2]。

---

1 参见《另一个，同一个》（王永年译，上海译文出版社，2016年）。
2 San Juan，阿根廷中西部的边境省。

迪·乔瓦尼：好吧，它们之间有关联吗？那时正在进行一场全面的战争吗？

　　博尔赫斯：是的，是有一场全面战争。

　　迪·乔瓦尼：这些事与二月份发生在拉普里达[1]的事之间有什么关系呢？

　　博尔赫斯：这么说吧，我想这帮人是被我的曾外祖父，即苏亚雷斯的部队打败的，那帮人是被阿尔道打败的，阿尔道站在联邦派这一边，你也许可以说是罗萨斯这一边。

　　迪·乔瓦尼：故事中的拉瓦列哈站在哪一边？

　　博尔赫斯：不在罗萨斯这一边，拉瓦尔哈绝对是集权派。他的副指挥官是苏亚雷斯。

　　迪·乔瓦尼：洛佩斯呢？

　　博尔赫斯：不，洛佩斯是罗萨斯的盟友，因为他是圣菲省[2]的军事独裁者。

　　迪·乔瓦尼：好，这让我了解了故事的背景。现在

1　Laprida，布宜诺斯艾利斯省中南部的一座小城镇。

2　Santa Fe，阿根廷东北部省。

让我们看看从中能得到些什么。

博尔赫斯：所以说这些人是武装民兵，他们不是真正的士兵。

迪·乔瓦尼：那么，你认为我们可以使用在《猜测的诗》中所用的同样的措辞——"高乔民兵"吗？

博尔赫斯：就是高乔民兵，是的。

迪·乔瓦尼：好的。"El seis de febrero de 1829..."
"一八二九年二月六日……"

博尔赫斯：是的，因为我查了日期；我查看了一些阿根廷历史手册中的作战日期。拉斯帕尔米塔斯战役。

迪·乔瓦尼："一八二九年二月六日……"

博尔赫斯：不会过分醒目，是不是？

迪·乔瓦尼：哪些词？

博尔赫斯：拉斯帕尔米塔斯。

迪·乔瓦尼：不会。"一八二九年二月六日……"

博尔赫斯：这当然是大牧场的名字。

迪·乔瓦尼：我明白了。

博尔赫斯：所有这些都是发生交火的大牧场的名字。

迪·乔瓦尼："Los montoneros que, hostigados ya por Lavalle..."

博尔赫斯：那就对了。

迪·乔瓦尼：现在，一边是高乔民兵，另一边是拉瓦列哈；高乔民兵是联邦派，拉瓦列哈是集权派。

博尔赫斯：是的。

迪·乔瓦尼："遭受拉瓦列哈穷追猛打的起义军……"

博尔赫斯：这样说吧，西班牙语的"hostigado"一词意思是"袭击"或"骚扰"或者……

迪·乔瓦尼："追击"或者……？

博尔赫斯：是的。[停顿了很长时间。]部队正在——必须转移……

迪·乔瓦尼：是的，马不停蹄，因为他们正在陷入包围之中。

博尔赫斯：是的。

迪·乔瓦尼："逼近"？

博尔赫斯：是的。

迪·乔瓦尼：好吧，我会找合适的措辞。

博尔赫斯：西班牙语"hostigar"源于拉丁语"hostis"，是敌对之类的意思。顺便说一下，这个词与"guest"（客人）一样。一个"客人"，又是"hostis"——敌人——这两个词都代表陌生人；你把一个陌生人当作敌人。

迪·乔瓦尼：我们翻译这个故事是有截稿期的！

迪·乔瓦尼：好，"marchaban desde el Sur para incorporarse a las divisiones de López"——"正在向南行进……"

博尔赫斯：不是，恰恰相反——"desde el Sur"——"向北前进"。

迪·乔瓦尼："撤离了南方。"

博尔赫斯：好吧，也可以说是"北方"。但是他们来自——他们也许来自多洛雷斯[1]附近，[无法辨认]来自这个省的南部。

迪·乔瓦尼：好吧，"从南方出发"——"para

1　Dolores，阿根廷布宜诺斯艾利斯省的一个小城镇。

incorporarse a las divisiones de López"——"投奔洛佩斯的部队"，对吗？

博尔赫斯： 对。

迪·乔瓦尼： "incorporarse"？

博尔赫斯： "incorporarse"，对的。或者说"洛佩斯的军队"或许更好，不是吗？

迪·乔瓦尼： 好的，"洛佩斯的军队"。

博尔赫斯： 也是一支武装民兵的军队。

迪·乔瓦尼： 可那是他们的目的——去加入，不是吗？

博尔赫斯： 对，就是他们的目的，没错。

迪·乔瓦尼： "Hicieron alto en una estancia cuyo nombre ignoraban a tres o cuatro leguas del Pergamino." 他们在一座不知名的庄园停歇。

博尔赫斯： 对。

迪·乔瓦尼： "离开佩尔加米诺还有三四里格。"

博尔赫斯： 没错，是的。

迪·乔瓦尼： 也许是"佩尔加米诺城外"，不是吗？

博尔赫斯：是的。

迪·乔瓦尼：但是我现在明白我弄错了，博尔赫斯在这儿疏忽了。这应该是佩尔加米诺河，而不是佩尔加米诺镇，佩尔加米诺镇一八二九年可能还不存在。

迪·乔瓦尼："Hacia el alba, uno de los hombres tuvo una pesadilla tenaz: en la penumbra del galpón, el confuso grito despertó a la mujer que dormía con él."

博尔赫斯：所以我们刚被告知，他身边有一个女人，不是吗？

迪·乔瓦尼：是的。好。"拂晓时分……"

博尔赫斯：是的，那没错。

迪·乔瓦尼："有一个人做了……"

博尔赫斯：好吧，你不能说"牢牢不放"。

迪·乔瓦尼："可怕的噩梦"，不是吗？

博尔赫斯：或者说"一个可怕的梦"。一个"可怕的噩梦"，没错。

迪·乔瓦尼："一个可怕的噩梦："——"en la penumbra del galpón, el confuso grito despertó a la mujer que dormía con él.""galpón"是他睡觉的棚屋，对吗？

博尔赫斯：是的。

迪·乔瓦尼：好的。"黑暗的棚屋"，还是"漆黑的棚屋"？

博尔赫斯："漆黑"，是的。

迪·乔瓦尼：好，"漆黑的棚屋"。

博尔赫斯：但当然"penumbra"，好像是那种——这么说吧，即将拂晓的时候。

迪·乔瓦尼：那是什么？拂晓？

博尔赫斯：好吧，接近破晓之际。由于天是"penumbra"，我的意思是，这是……

迪·乔瓦尼：好吧，用"幽暗"怎么样，这会让人想到天要亮了，不是吗？"幽暗的棚屋里"——"confuso grito"——"莫名奇妙地大声呼叫"？

博尔赫斯："大声呼叫"，是的。

迪·乔瓦尼：好的，"惊醒了与他同床睡觉的女人"。

博尔赫斯：是的。当然没有床；他们睡在……

迪·乔瓦尼：这么说吧，这是比喻。他们睡在地上，对吗？

博尔赫斯：是的，当然是在地上；他们没有床。

迪·乔瓦尼：这时，一位访客打断了我们，这就是第一个下午我们所讨论的翻译。我们总共一起工作了十一二分钟。我们第二天再继续。

迪·乔瓦尼：我们回到我们的朋友塔德奥·伊西多罗那里。我琢磨了我们昨天讨论的开场那几句，我先念给你听，然后我们继续下去……

博尔赫斯：我明白，因为开场那几句牵涉到很多东西。

迪·乔瓦尼：好吧，瞧，这些是我完成的开头几行的翻译。我慢慢念。"一八二九年二月六日，遭受拉瓦列哈穷追猛打的起义军撤离了南方，打算去投奔洛佩斯的部队。离开佩尔加米诺还有三四里格时，他们在一座不知名的庄园停歇。"

博尔赫斯：是的，那是阿塞韦多农场。继续。

迪·乔瓦尼："拂晓时分，有一个人做了一个挥之不去的噩梦"——对应"tenaz"的意思。

博尔赫斯：译得好，"挥之不去"很好，是的。

迪·乔瓦尼："他狂呼乱叫，惊醒了幽暗的棚屋里与他同床睡觉的女人。"我查了一下"床"这个词。"床"并不一定必须是字面上的家具。

博尔赫斯：不对，因为如果不是这样，就太豪华了。

迪·乔瓦尼：是的，但是事情是，你和一个女人睡觉，这意味着——这并不意味着你给自己买了一张时髦的……

博尔赫斯：这并不意味着——这并不代表床柱和床帷。

迪·乔瓦尼：对。所以我认为这就是故事的开场。

迪·乔瓦尼：我想播放这些就行了。谢天谢地，在那之后，工作进展得快一点了，但在一开始，真的很难。我们的目的是让读者看清楚方方面面，即使他不理解这些问题。我可以很高兴地说，自一年多前翻译这个故事以来，我们翻译了很多有历史背景的故事，所以我现在发现这些问题更容易解决了。

麦克沙恩：你给我们讲讲那部自传体作品以及这种合作与翻译之间的不同，好吗？你们也是同样坐在一起工作的吗？

博尔赫斯：我想我们更加自在了。

迪·乔瓦尼：首先，我们没有原文的负担。但是我们的工作方式的确基本相同。我们的第一个任务是就博尔赫斯的生平写一个简单的纲要——一、出生地和出生日期；二、父亲；三、母亲；四、祖先；等等。我还口述了第一句，给博尔赫斯开了个头。接着，他来口述。在他犹豫的时候，我会说："不要先急着说你的祖先，我们在说你的父亲呢。"就是那样。或者说，我想确切知道，他的英国裔祖母为什么来到南美。工作一旦开始，我就不难期待他说些什么，这样我可以提出建议，有时记下自己的口述，这些都会得到他的首肯。开始的主要任务是让博尔赫斯围绕着大纲，因为他有时跑题，大谈特谈题外话。

博尔赫斯：这点你们在座各位都已经知道了。

迪·乔瓦尼：不，我的想法是让他说，而我手里拿着纸和铅笔，一边整理一边引导他。我力图让他的记忆流淌起来。

博尔赫斯：现在我一直都记着。

迪·乔瓦尼：然后我晚上回家去核实，确保日期和事实正确无误。

博尔赫斯：当然，日期总是错的。

迪·乔瓦尼：对，你从来就没说对过日期。当我问他某件事发生在哪一年，他会说："我不知道，问我母亲，她只有九十五岁。"除了核实之外，我还会将口述打字整理，就像在翻译时一样。一章的草稿完成后，我们会从头开始润饰，最终定稿。就这样，这项工作我们花了⋯⋯

博尔赫斯：很长一段时间。

迪·乔瓦尼：我想我们花了三个月的时间，甚至星期六和星期天都在工作。也许值得提一下，自传是从何而起的。我们当时正在准备短篇小说集《阿莱夫》，但是在重新翻译某些必要的材料时，遇到了翻译权的麻烦。交稿日期已到，但在我看来手稿相当单薄，我想我们要重新整理，在书中增加博尔赫斯几个月前在俄克拉何马大学所作的关于他自己的谈话。但是当我看到文字记录时，我的心一下凉了。那些谈话中精彩的东西落到纸上却毫无价值。那些材料跳跃性太强，没有一个日期来引导读者。当我把这些告诉博尔赫斯时，他只是耸了耸肩，说把这些文字扔掉，我们从头开始。我们从俄克拉何马州的谈话中仅整理出半句话，接着写了六十多页的一篇。我惊讶于博尔赫斯的轻松——把它扔掉，让我们重新开始吧——在我感到彻底失败的时候。但是我们赶不上出版的时间表；我改正了这些故事里的校对错误，但我们还没有完成那部自传。然后我们还得写一些小小的评论，以充实这部小说集。这又花了我们一个月的时间。当然，这中间也中断了几次。

博尔赫斯：有时这些中断是我的惰性所致。

迪·乔瓦尼：完全不是。

博尔赫斯：我天生是懒惰惯了。

迪·乔瓦尼：我指的是其他的中断。博尔赫斯在布宜诺斯艾利斯省南部讲课时，我们完成了这项工作。记得在双引擎飞机的隆隆声中，我扯着嗓子念给他听。然后我们在一家旅馆完稿，博尔赫斯四肢展开躺在床上。床头柜成了我的书桌，我伏案工作。克服所有压力，完成工作后我们有如释重负之感。这篇文章在《纽约客》刊登前的校样，我们不得不通过电话去修改。

哦，对了，我还记得我们在写自传的时候唯一的一次争论。博尔赫斯在二十世纪二十年代写了三本随笔集，他不允许它们重印，我想让他谈谈。他说不，他想把那一切都忘掉。我认为他生活中的那几年，我们不能就这样跳过去。"为什么不，"他说，"这是谁的生活呢？"我告诉他，我并不介意他将那些书判了死刑，但我认为他必须谈谈它们；然后我把几天前他关于这些书的口述念给他听。他喜欢我念给他听的这些话，还说如果能去掉书名，他就愿意提一提那些书。这似乎强调了他对那些书所判的死刑，能提一下已经很好了，所以我完全同意。他四十年代初期在市图书馆工作，在我想让他聊聊当时的日常生活时，我们几乎又要争执起来。他看不出这件事对任何事情有什么影响，也看不出任何人会对此有兴趣。我毫不退让地告诉他，这让我感兴趣，也会让他的美国读者感兴趣——毕竟，他在那时写出了自己最好的作品。他二话没说就一口答应了。我很高兴，因为我认为这是文章中最精彩的部分，当然也是最感人的那几页。

麦克沙恩：你们翻译时，是否参考其他译作？

迪·乔瓦尼：不会，因为我不想在头脑里存有别人的文字或者处理的方法。我很幸运，因为在开始翻译博尔赫斯之前我从未读过他的作品，也没有读过任何关于他作品的研究。你一旦读了教授对他作品的评价，你就一行也翻译不下去了。他们对字里行间的含义小题大做。

博尔赫斯：我自己就是教授，这些我都知道。

提问：我想知道能不能问一个唱反调的问题。我知道博尔赫斯的一些作品有两个或更多的译本，我想知道你们俩对某某译本的看法。

博尔赫斯：我们必须告诉这位先生，某某的译本比我们自己的好得多，不是吗？

迪·乔瓦尼：比我们自己的要好得多。

博尔赫斯：太明显了。

迪·乔瓦尼：我想借鉴他的版本，但博尔赫斯说："不，这是他的作品；这样做不道德。"博尔赫斯作品的许多译者都倾向于字面翻译，采用西班牙语对应的第一个英语单词。

例如，我们刚刚听到的那个故事的另一个译本称其为《塔德奥·伊西多罗·克鲁斯的传记》。

博尔赫斯：没错，当我说"dark"（黑暗）的时候……

迪·乔瓦尼：他们总是说"obscure"（模糊）。

博尔赫斯：西班牙语"una habitación oscura"原意是"黑暗的房间"，却被译成"模糊不清的住所"。

迪·乔瓦尼：但是诀窍在于把原文中"顽固的噩梦"译成初稿的"可怕的噩梦"或"噩梦"，最后定为"挥之不去的噩梦"。当然，这可以归结为一个写作问题。

录音带的下一部分，我们将西班牙语"leguas"（里格）一词翻译成"英里"，经过了长时间的讨论。

麦克沙恩：你们不用"里格"吗？

博尔赫斯：在阿根廷用。

迪·乔瓦尼：但是在翻译中，我们尽量使用普通的英语词汇。我发现里格大约为二点四到四点六英里，帮助不大。然而，博尔赫斯清楚地记得"里格"是四十个"cuadras"，即街区，城市的街区规划为一百米长。因此，阿根廷的里格长度为四千米。这很重要，后来的故事告诉我们，骑兵追了二十多英里。如果我们说五十英里，就需要非常强壮的马匹。我们尽量在这些细节上费尽心思。

博尔赫斯：当然，我的外祖父是一位了不起的骑手。

迪·乔瓦尼：可是，如果我没记错的话，你曾告诉我，如果我们一定要犯错的话，情愿把距离说得短一些，也不要让事实听上去不可信。

提问：在那篇自传体随笔中，你说你在大约九岁的时候翻译了奥斯卡·王尔德的《快乐王子》。你认为翻译得好吗？

博尔赫斯：我不清楚。我得仔细看看。你知道，故事的译文被接受并发表了。

迪·乔瓦尼：我花了两天时间，翻遍了四五年的报纸想把它找出来。我怀疑不在自传随笔中提到的时间范围里。我和他母亲理清了他当时的年龄，他可能要大一两岁——大概十岁吧。即使是十岁，在大都市的报纸上发表译文也相当了不起。

博尔赫斯：奥斯卡·王尔德是最容易翻译的作家。他的英语很简单。那时《道林·葛雷的画像》中的很多句子我都会背。

迪·乔瓦尼：我们现在看一下一些简单的翻译例子。第一个只是博大家一笑。这是我在布宜诺斯艾利斯找到的番茄酱瓶上的标签，显然是翻字典翻译的。我认为这是翻译的最低形式。

博尔赫斯：最低等也是最好笑的。

迪·乔瓦尼：第二个例子由两句句子组成——或者同一个句子的两种表现形式，这真的是我全部的翻译教科书了。这取自博尔赫斯的一个故事，以下是第一种翻译方法：

利德尔·哈特上尉解释说，滂沱大雨造成了这次延误，说实在的，也无关紧要。

另一种方法如下：

利德尔·哈特上尉解释说，这次延误，说实在的无关紧要，是由滂沱大雨造成的。

我希望我们不参考原文来评判这个翻译。很明显，第二种方法更好。事实上，这只是对第一种译法的重写。很显然，第一句句子的各种元素完全组合错了，没有力量。结构好的英语句子是以次重要的词组开始，渐渐向最不重要的词组展开，最后才以最强的词组结束。这种模式是2-3-1。第二句遵循了这一规则。请注意，第一个例子是多么无力。所以我的翻译理论就是，你必须把句子写好——有效的英语句子，仅此而已。

提问：原文中的单词顺序有可能不同吗？

迪·乔瓦尼：从第一个例子中来看，单词顺序没有不同。译者逐字逐字，一丝不苟。但是我翻译时，关心的是英语的句子结构，而不是西班牙语。我对西班牙语的句子结构了解不多。但我知道，两种语言可能有相同的结构，但是不一定在各自语言中产生相同的效果，例如动名词结构。在英语中，动名词增加了紧迫感，加快了句速；而在西班牙语中，却成了累赘、佶屈聱牙。在翻译中，跟着博尔赫斯的句子结构走，可能是危机四伏，他改变了西班牙语。他的句子结构很大程度上是借鉴英语的，前四句你可以跟着西班牙语亦步亦趋写成英语，但第五句却是西班牙语的结构；如果再跟着，英语就完了。

提问：我也不了解西班牙语句子的结构，但是较之直截了当的句子，我认为扭曲的英语句子对我冲击更大。对于诸如此类的结构，你不想保存吗？

博尔赫斯：我写作的时候，全凭听觉。我试一句，然后一遍又一遍地读。如果听起来不自然，我就修改，没有任何固定的规则。

迪·乔瓦尼：这完全取决于你认为这些句子在原文中想要达到什么效果。在这个例子中，没有故意去扭曲。翻译中最糟糕的事情是翻译一些原文写得很差的东西。你如果直译，会受到批评，说译文差。

博尔赫斯：记得我翻译福克纳的《野棕榈》时，有人对我说，句子太错综复杂，我因此受到指责。

提问：我对《阿莱夫》一书有一个问题。在序言中你说："我认为英语和西班牙语不是容易一对一互换的同义词组合；它们各有自己的特点，以完全不同的方法看待世界。"那么，有没有这种可能，有些故事或文学作品是不可能翻译的？

博尔赫斯：就故事而言，没有这种可能；就诗歌而言，当然有这种可能。故事里总有一些东西可以翻译。

提问：你认为凡是故事都是可以翻译的，哪怕这些故事反映了西班牙人特有的看待世界的方式，对不对？

博尔赫斯：不是，我不这么认为。我不认为我看待这个世界的方法是西班牙式的。我的阅读基本上都是英语。

迪·乔瓦尼：博尔赫斯的西班牙语比其他人的西班牙语更细致入微。这就是为什么把他作品翻译成英语是件令人愉快的事，他的作品经翻译后所失甚少。他的句子我一听，就能听出句子底下的英文句子。正如我所说的，很多时候他的句子结构不是真正的西班牙语的。他引入了在西班牙语中过去很少使用的动词时态——现在完成时。他给西班牙语注入了活力。

博尔赫斯：谢谢。

迪·乔瓦尼：不用谢，别谢我。加西亚·马尔克斯在谢你；卡洛斯·富恩特斯在谢你。有人问我，博尔赫斯对西班牙语所做的一切，你是如何反映在英语中的。英语中，形容词放在名词之前——"black dog"（黑狗），而在西班牙语中，通常相反。但是，博尔赫斯却把形容词放在名词前面。显然，我不会翻译成"狗黑"。在某种程度上，英语造就了博尔赫斯，他为西班牙语添加英语色彩。他在英语中实现了自己的抱负，他的作品更像是用英语写的。

提问：翻译他的诗歌情况如何？

迪·乔瓦尼：这是一个完全不同的问题。明年，我们将出版一部收录百首的诗歌选集。我是编辑，总共有十二名译者参与翻译。博尔赫斯和我一起选好了诗以后，坐下来为每首诗写了一篇文稿。然后，我开始委托诗人去翻译，必要时与他们一起工作，提供笔记和解释，有时还提供直译出的句子。理查德·威尔伯[1]虽然从法文版翻译过大量的作品，但是他不懂西班牙语，所以他也得到类似的帮助；约

1　Richard Wilbur（1921—2017），美国诗人、翻译家。

翰·厄普代克[1]也是如此。他们为我们译出了美不可言的十四行诗。

博尔赫斯：谁翻译了《城南守灵夜》[2]？

迪·乔瓦尼：罗伯特·菲茨杰拉德[3]。他是根据自己一九四二年出版的译本翻译的，那是博尔赫斯作品第二次出现在英语中。博尔赫斯后来修改了原作，所以我要求菲茨杰拉德修改他的译文，与博尔赫斯的改动相一致。我们可以随时请教博尔赫斯，澄清了诗中的许多晦涩之处和难点。菲茨杰拉德全心投入这项工作，译出了一个全新的版本。几乎所有工作都是通过信件完成的，来往信件数不胜数，难以置信。我们花了三年时间才完成这本书。

所以说，首先，散文和诗歌的处理方法是有区别的。另一个不同之处是，所有的散文作品都署名为合作的成果。诗没有这样署名，因为到了一定时候，这些诗不再是合作的成果。诗中有很多元素——英语的音步是其中之一——博尔赫

---

1 John Updike（1932—2009），美国作家、诗人。
2 收录于《面前的月亮·圣马丁札记》（王永年译，上海译文出版社，2016 年）。
3 Robert Fitzgerald（1910—1985），美国作家、记者、翻译家。

斯不懂，也不在乎，所以我独断独行，博尔赫斯只能信任我的解决方法。显然，有许多诗翻译起来很简单，我们的意见完全一致。我们与其他诗人合作时，我们用字面翻译的版本加以管控。必要时，正如我已经说过的，我们给可能的译者寄去逐字对应的文字翻译稿和详细的笔记。

博尔赫斯：然后，他把它变成诗歌。

迪·乔瓦尼：甚至懂西班牙语的诗人有时也很感激这些直译稿。有了这些直译文字，他们不必浪费时间去阐释。他们知道了明确的意思，可以直接驶入诗歌的天地。如果理解错误，在错误的基础上翻译了诗句，然后有人来说："很抱歉，博尔赫斯说你错了；不是'阿根廷南方'，而是'布宜诺斯艾利斯的南面'"，这岂不令人沮丧。甚至连翻译过很多西班牙语作品的比尔·默温 [1]，也向我要这些直译的版本。

博尔赫斯：是的，即使你可能懂西班牙语或墨西哥西班牙语，你有可能完全不知道阿根廷或乌拉圭西班牙语有些词是不一样的。

1　William Stanley Merwin（1927—2019），美国诗人、翻译家。

迪·乔瓦尼：没错。在一个故事中，乌拉圭话的马黛茶壶"caldera"被翻译成"汤锅"，即这个词在西班牙的意思。此外，博尔赫斯也有他自己的特点。当他说"tarde"（下午）时，他通常指的是"晚上"，很少指"下午"，原因是在布宜诺斯艾利斯下午非常炎热，除了疯狗或英国人，没有人会上街。

博尔赫斯：我从来没有想过这点，但也许你是对的。

迪·乔瓦尼：还是你告诉我的。不管怎样，下午是睡觉的时间，"tarde"是晚上，你醒来的时候。熟悉博尔赫斯的这些个人用法很管用。

提问：你们俩是在一起翻译诗歌吗？

迪·乔瓦尼：我先给博尔赫斯拿去一份初稿。我们看一遍，确保我对字面意思理解无误。有时候，这些诗句就已经很像样了。有一次，我们用二十分钟就完成了一首自由体诗，那是因为主题与英语贴得很近，一个词接着一个词水到渠成，很容易。《呼唤乔伊斯》[1]就是这样的，主题更接近英语，而不是西班牙语。当一个主题更适合英语时，事情会很有意思。

1　收录于《为六弦琴而作·影子的颂歌》。

还有一次，另一首诗《亨吉斯特国王》[1]，写一位盎格鲁-撒克逊人物，我用头韵翻译，浑然天成。

博尔赫斯：西班牙语里很难运用头韵，要么就是被认为是耍把戏。但在英语中，头韵是语言的一部分。莎士比亚和斯温伯恩[2]都曾使用过头韵。

麦克沙恩：你们是如何处理押韵的？我知道在翻译博尔赫斯的一些十四行诗时，理查德·霍华德[3]用了音节诗，但没有押韵。

博尔赫斯：英语中，重音通常落在词的第一个音节上，这是押韵的问题所在，如"*courage*"（勇气），同一个词"cour*age*"在法语中重音落在第二个音节上。因此，拉丁语系的语言更容易押韵。

迪·乔瓦尼：不少译者在押韵上，找到了不同的处理方法。约翰·霍兰德[4]翻译长篇四行诗煞费苦心。比尔·弗格森

1　收录于《另一个，同一个》。
2　Algernon Charles Swinburne（1837—1909），英国诗人、批评家。
3　Richard Howard（1929—2022），美国诗人、文学评论家和翻译家。
4　John Hollander（1929—2013），美国诗人、文学评论家。

和理查德·威尔伯翻译十四行诗都押了韵。但是在多数情况下，我们满足于无韵诗，偶尔会以押韵的对句结尾。押韵很难说是诗的特征，我们觉得大可弃之不用。

我现在读一读《呼唤乔伊斯》的译诗。

呼唤乔伊斯

我们分散在不同的城市，

熙熙攘攘而又形单影只，

扮演第一个亚当的角色，

给各种事物起各种名字。

长夜将尽，

接近黎明，

我们寻找词句（我记忆犹新）

用来表达月亮、死亡、早晨，

以及人们的其他习惯。

我们曾是意象派、立体派，

以及轻信的大学所崇尚的

秘密社团和派别。

我们发明了没有标点的段落，

没有大写字母的单词，

以及亚历山大城图书管理人

排成鸽子形状的诗节。

灰烬由我们一手造成，

熊熊大火是我们的信仰。

与此同时，

你在流亡的城市，

（可憎的流亡

是你自己选择的工具，）

铸造你艺术的武器，

建立你艰巨的迷宫，

无限小而又无穷大，

卑微得令人惊奇，

比历史更纷纭复杂。

我们没有见到你迷宫中央

牛头人身怪或者玫瑰花，

也许就已死去，

但是记忆有它的护身符，

它的维吉尔的回声，

因此在夜晚的街道上

萦绕着你辉煌的地狱，

你的韵律和比喻，

你影子的黄金。

如果世上还剩一个勇敢的人，

我们的怯懦又有何妨；

如果时间还有自以为幸福的人，

悲哀又有什么关系，

这个迷惘的一代是模糊的反映，

如果你的书为它开脱，

迷惘又有何妨。

我即他人。我是你固执的严格

所拯救的一切人。

我是你不认识而又拯救的那些人。

在诗中的这一行"建立你艰巨的迷宫",我不得不费劲寻找的词是"pathless"(没有路的)。西班牙语是"tus arduos laberintos",恐怕博尔赫斯已经把"arduo"这个词用到了极致。

以下这首诗是另一个极端。这一首诗题为《〈约翰福音〉第一章第十四节》[1]。我花了一年的时间。我不是说我每天都在译这首诗,但我每次翻译花上二三天的时间,到精疲力尽为止,然后搁在一边。一年以后才完稿。

《〈约翰福音〉第一章第十四节》

这一页的谜的费解之处

不下于我的圣书,

也不下于无知的人们

口口相传的说教

他们以为谜出自一个平常人,

---

1 收录于《为六弦琴而作·影子的颂歌》。

而不是圣灵不可捉摸的镜子的反映。

我是现在、过去和将来，

再次迁就了语言——

连续的时间和标志。

同孩子玩耍的人

觉得亲近和神秘；

我愿意同我的孩子玩耍。

和他们一起，我感到温柔和惊异。

由于神奇的作用，

我奇怪地娩出腹中。

我身不由己，为形骸

和谦恭的灵魂所禁锢。

我体会了记忆

——永不相同的钱币。

我体会了希望和恐惧

——没有把握的未来的两种面目。

我经历了不眠、入睡、梦境、

无知、肉欲、

理智的笨拙的迷宫，

人们的友谊、

狗的神秘的依恋。

我得到过爱戴、理解、赞扬，

被钉在十字架上。我喝干了苦酒。

我亲眼看到从未见过的景象：

夜晚和它的星辰。

我经历了顺溜、粗糙、崎岖、不平，

我尝过蜜和苹果的滋味，

焦渴的喉咙里水的感觉，

手掌里金属的重量，

人的声音，草地上的脚步声，

加利利雨水的气息，

高处鸟的鸣声。

我也尝到了苦涩。

我把这篇文字托付给任何一个人；

它绝不是我想说的东西，

但永远是他的反映。

这些符号来自我的永恒。

写诗的是另一个，不是他今天的代笔人。

明天我将是虎群中的一只虎，

将在它的丛林中传道，

或者将是亚洲的一株大树。

有时我深情地怀念

那间木工房里的气味。

这首诗被《纽约客》录用时，霍华德·莫斯[1]对其中的一句提出了一条有价值的建议。这句诗的西班牙语是这样说的："Por obra de una magia／nací curiosamente de un vientre"。我用英语写成，"由于神奇的作用／我奇怪地娩出腹中。"霍华德指出，"奇怪地"和"神奇的作用"是重复累赘，所以我爽快地删掉了这个词。博尔赫斯和我为达顿出版社准备双语版的《影子的颂歌》时，我会跟他提出这个问题，他也许会从原文中删除这个词。顺便说一句，这就是我为什么不能将

1　Howard Moss（1922—1987），美国诗人、评论家，自 1948 年到他去世，一
　　直担任《纽约客》诗歌部分的编辑。

这些诗歌署名为合作成果的一个例子。我没有跟博尔赫斯商量就自作主张删了。当然，我总是把完稿念给他听，他没有一次有异议，尽管有时会有所保留。他有保留时，我就请他相信我。

现在我想让我们看看《纪念胡宁战役的胜利者苏亚雷斯上校的诗篇》[1]这首诗的两个译本。阿拉斯泰尔·里德[2]在个人文集中出版了这首诗的译本：

纪念胡宁战役的胜利者
苏亚雷斯上校的诗篇

他有过辉煌的时刻，策马驰骋，

一望无际的胡宁草原仿佛是未来的舞台，

群山环抱的战场似乎就是未来，

贫困，疏远，衰老的屈辱，

兄弟们在他出征时卖掉的阿尔托区的房屋，

1　收录于《另一个，同一个》。
2　Alastair Reid（1926—2014），出生于苏格兰的诗人、南美文学的学者。

无所作为的日子

（希望忘却，但知道忘不了的日子），

这一切算得了什么。

他有过顶峰，有过狂喜，有过辉煌的下午，

时间的流淌算得了什么。

他在美洲战争中服役十三年。幸运最终把他带到了东岸
共和国，带到内格罗河畔的战场。

傍晚时分，他会想到那朵玫瑰，

胡宁的血战，曾为他盛开：

长矛相接的瞬间长得仿佛无限，

发起战斗的命令，

开始的挫折，厮杀的喧闹声中，

他召唤秘鲁人进攻

（他自己和军队都感到突然），

灵感，冲动，不可避免的冲锋，

双方步兵狂怒的迷宫，

长矛的战斗没有一声枪响，

他用铁矛刺穿的西班牙人，

胜利，喜悦，疲惫，袭来的睡意，

受伤的人在沼泽里死去，

玻利瓦尔的必将载入历史的言语，

西沉的太阳，再次喝到的水和酒的滋味，

那个血肉模糊、面目难辨的死者……

他的曾孙写下这些诗行，

默默的声音从古老的血统传到他耳旁：

——我在胡宁的战斗算得了什么，

它只是一段光荣的记忆，一个为考试而记住的日期，

或者地图集里的一个地点。

战斗是永恒的，不需要军队和军号的炫耀；

胡宁是两个在街角诅咒暴君的百姓，

或是一个瘐死狱中的无名的人。

一九五三年

我觉得这首诗译得不错，所以问阿拉斯泰尔愿不愿意修改。他同意后，我用打字机打了四五页的建议给他寄去，同时担心他的反应。相反，他兴高采烈地给了回复，发誓说如果没有我在他和原文之间，他再也不会去翻译博尔赫斯作品的一句一行了。我一直诚惶诚恐，不知他如何看待我们的批评。他真的很真诚，读读他后来的译本就会看出，他真是竭尽全力了。

现在，阿拉斯泰尔知道苏亚雷斯上校是一名阿根廷军官，但在第一个译本的第四行，他使用了"alienation"这个词。他一定认为苏亚雷斯在自己的国家处境不好。事实上，苏亚雷斯那时正流亡在乌拉圭。

提问：原文用的是哪一个字？

博尔赫斯："destierro"（流放）。

迪·乔瓦尼：由于这首诗的根源隐藏在阿根廷历史中，所以译者没有意识到发生了什么。例如，在第九行和第十行中，不是"时间的流淌"，恰恰相反。苏亚雷斯与自己的同胞异地生活，时间没有流动，这是一种单调。往下，我们建议阿拉斯泰尔使用"独立战争"而不是"美洲战争"，因为就是这样说的。再往下几行，第一版译为"幸运最终把他带到了乌拉圭"。这么说吧，西班牙语的这个字"suerte"当然有"幸运"的意思，也有"命运"的意思，也是对诗句的正确理解，因为被流放显然不是他的"幸运"。到目前为止，所有这些误读都源于缺乏历史和个人信息。

博尔赫斯：在原文中，默认这些信息读者理应知道。

迪·乔瓦尼：往后几行还有一个关键性的错误，第一版译文是这样的："他对进攻的秘鲁人大喊大叫。"虽然苏亚雷斯是阿根廷人，但他正带领着秘鲁人。不然的话，就好像这两国之间发生了一场战争。事实是，他们是抗击西班牙人的盟友。

几行之后又有一个错误，阿拉斯泰尔写了"步兵迷宫"——原文"laberintos de ejércitos"（军队的迷宫）。这场战斗完全是在马背上进行的。译者怎么会知道呢？博尔赫斯没有这么说。我们建议把它改为"骑兵"。以下是里德这首译诗的第二个版本，收入《博尔赫斯诗选（一九二三—一九六七）》[1]。

---

1 该诗的两个英文译本参见附录。

比较这首诗的两个版本的译文，我认为后一个版本更鲜明、更有力。如果没有博尔赫斯指导，这是根本不可能做到的。

博尔赫斯：我在《南方》杂志上发表了那首诗。我不假思索地认为，这些事读者都会知道。

迪·乔瓦尼：我的另一项工作是为诗歌与译者牵线。我不会把自由体诗交给威尔伯去翻译，也不会让默温翻译十四行诗。就理查德·霍华德而言，他当时正在写他的《无题》诗集，那是一系列描写十九世纪人物生平的诗。毫无疑问，我让他翻译博尔赫斯以十九世纪人物为主题的十四行诗。理查德写了惠特曼、海涅、斯威登堡[1]、坡等人物的诗。他还让我对音节数量产生了兴趣，我用这种方法翻译了《猜测的诗》。这首用西班牙语写的诗，每行含有十一个音节。

博尔赫斯：用英语写，每行就成了十个音节。

迪·乔瓦尼：但是我觉得这首诗如果翻译成五音步诗，那一定十分勉强。我用自由体诗译完初稿后，发现这些诗句

1　Emanuel Swedenborg（1688—1772），瑞典神学家、科学家、哲学家。

的长度与西班牙语的诗句相差无几。

博尔赫斯："Corrientes, aguas puras, cristalinas..."

迪·乔瓦尼：因此，我回过头去，将每一行修改成十个音节。这些诗句念给你听的时候，你也许听不出十音节，但是却让这首诗有一种微妙的感觉而不显张扬。

猜测的诗

一八二九年九月二十二日，弗朗西斯科·拉普里达博士遭到阿尔道手下高乔游击队杀害，他死前想道：

最后那个傍晚，子弹呼啸。

起风了，风中夹带着灰烬，

日子和力量悬殊的战斗结束，

胜利属于别人。

野蛮人胜了，高乔人胜了。

我，弗朗西斯科·纳西索·拉普里达，

曾钻研法律和教会法规，

宣布这些残暴省份的独立，

如今被打败了，

脸上满是血和汗水，

没有希望，没有恐惧，只有迷惘，

穿过最后的郊野向南奔突。

正如《炼狱篇》里的那个将领，

徒步逃奔，在平原上留下血迹，

被死亡堵住去路，倒身在地，

在一条不知名的河流附近，

我将会那样倒下。今天就是终结。

沼泽地上的黑夜

窥视着我，阻挠着我。我听见

穷追不舍的死亡的蹄声、

骑手的呐喊、马嘶和长矛。

我曾渴望做另一种人，

博览群书，数往知来，

如今即将死于非命，暴尸沼泽；

但是一种隐秘的欢乐

使我感到无法解释的骄傲。

我终于找到我的南美洲的命运。

我从孩提时开始的生活道路

营造了一个错综复杂的迷宫，

把我引到这个糟透的下午。

我终于找到了

我生活隐秘的钥匙，

弗朗西斯科·拉普里达的归宿，

我找到了缺失的字母，

上帝早就知道的完美形式。

我在今晚的镜子里看到了

自己意想不到的永恒的面庞。

循环即将完成。我等着那个时刻。

我踩上了搜寻我的长矛的影子。

死亡的嘲弄、

骑手、马鬃、马匹

向我逼近……最初的一击，

坚硬的铁矛刺透我的胸膛，

锋利的刀子割断了喉咙。

一九四三年

这首诗的另一个译文版本中，有一个可笑的错误，令人叫绝。西班牙语中，"casco"这个词既有"头盔"又有"马蹄"的意思。我们看到，这首诗通篇写马。尽管如此，译者是这样译的："在壮烈的身亡中，我听到头盔在寻找着我。"如今这成了我和博尔赫斯之间的一个小小的笑料。每当我们在合作翻译时遇到"casco"一词，如果意思是"马蹄"，我会说"头盔"，如果意思是"头盔"，我会说"马蹄"。

博尔赫斯：翻译它的那个译者，西班牙语是他的母语。记得那天中午念他的译文时，我把这个词的意思告诉了他："这里要注意，'casco'是马蹄。"

迪·乔瓦尼：中午念的时候，博尔赫斯已经纠正了他。那天晚上再念他的译文时，这个词还是没改。显然他自以为比作者懂得更多。不管怎样，这是一个很常见的失误。译者常常不思考，他们只是把文字全盘照搬，没有想到马通常是不戴头盔的。或者他们想得太多，陷入有悖常理的超现实主义魔咒。

麦克沙恩：你有没有在完成译稿之前，将译文先搁置一个月？

迪·乔瓦尼：没有，我认为就翻译而言，这没有必要。如果原创，我认为这是个不错的想法。

麦克沙恩：如果你与一部作品朝夕相处，有没有视而不见的感觉？

迪·乔瓦尼：可是别忘了，我们有两个人。我没有领会到的，博尔赫斯不会错过，反之亦然。此外，这还涉及其他因素。我常常必须按期完稿，不可能一直享受搁置一边的奢侈。然而，有一两次，我把小说的译文寄出三四个月了，屡遭退稿，重新读后才发现翻译上的不足之处比比皆是，令人汗颜。

最狼狈的一次发生在博尔赫斯和我在俄克拉何马州的时候。我们完成了一天的工作后，没有去散步，而是决定开始翻译他前一天刚口述完的一个新故事。由于我没有提前打草稿，我们即席翻译。即席翻译的问题是，对博尔赫斯和我写在纸上的内容我感到责无旁贷，必须用上，而我无法摆脱，也不知道什么原因。不管怎么说，这个故事最终被哈珀出版社买下。当他们送来校样时——这是在译文完成四五个月以后——我满脸通红，无地自容，原因是我发现语言佶屈聱牙，每一行字我都要改。这个故事必须从头到尾重新翻译。这个故事题为《小人》。这种情况我不会让它再发生，因为我决不会再进行即席翻译。

提问：你有没有发现，误译有时歪打正着——从某种意义上来说，误译也许会通向一种真正有趣的可能性？

迪·乔瓦尼：只有对那些认为写作无关紧要的人来说，误译才会有趣。如果博尔赫斯写的是，"天空是蓝色的"（The sky is blue.），由于失误或有意为之，我翻译成"天空是胶水"（The sky is glue.），还认为结果非常有趣，那么我也该进疯人院了。我仍然坚持文学有其意义；我认为有太多的胡言乱语被誉为"富有想象力""富有诗意"。这也许是教授和假学者的错。他们通过显微镜来看作品，过分强调单个的词和抽象概念，并且决不相信作家是为特定事物而专门去写的。

还有，从另一个层面上看，翻译中最严重的错误不是个别措辞的错译，而是将作者的语气、口吻译错。误译本身，如果看不出来，不妨大碍。然而，瞧，像"头盔—马蹄"这类的误译，让读者难以继续，将你抛出诗外。博尔赫斯的译文里，这类东西无处不在。博尔赫斯用词精确，惜字如金，误译是对他作品的歪曲。例如，在《塔德奥·伊西多罗·克鲁斯小传》的结尾，有一个词"jinetas"，意思是"臂章"或"徽章"。在西班牙语中，还有一个词"jinetes"，意思是"骑兵"或"骑手"。最初的译者可能认为，这个故事与骑兵有关，"jinetas"是印刷错误。那位英雄正打算袒护他追捕到的人，为自己军衔和制服——换句话说，他的权威的象征——而感到不安，那篇译文却译成"为其他骑兵"而感到不安。博尔赫斯评论说，译者没有把"jinetas"当作"jinetes"的阴性，并让那个英雄为"亚马孙"[1]感到不安，也是奇了。

1　Amazon，希腊神话中由妇女战士组成的一个种族的成员。

麦克沙恩： 看来这是一个很好的例子，说明译者没看明白整个作品的总体意图。

迪·乔瓦尼： 的确如此。博尔赫斯的故事文字清晰、内容详尽，大多数早期的译文远远没有把这些呈现给读者。我们自己重新翻译时，有时会把我们的工作比作清理一幅画作。我们让读者看到了其他译文中所没有呈现的内容。再举一个例子，出自著名的故事《釜底游鱼》[1]，故事的高潮发生在除夕，正是一年的高潮。博尔赫斯写道："故事的最后一场是一八九四年除夕的骚乱。"一两句话之后，他说到午夜十二点的钟声响了。完美。除夕夜，钟就是敲十二下。但是另一个版本是这样译的，"戏剧的最后一幕与最后一晚的动荡异曲同工。"后来，"午夜十二点的钟声响了"。什么最后一晚？什么钟声？你们看，译者让读者处于迷离混沌的无人之地，而博尔赫斯说得不能再清楚了。我认为其中一个问题是，博尔赫斯的作品很深刻，而许多早期的译者都因为他的这种声望而诚惶诚恐。他们将深刻等同于晦涩，又将博尔赫斯与梦幻联

---

1 收录于《阿莱夫》。

系在一起，与似梦似幻或似云似雾的散文联系在一起。我可以想象出，一些教授对"午夜十二点的钟声响了"这一词的选择加以赞赏，认为这是一个巧妙的先兆，预示了奥塔洛拉在下一页的死亡。但是我向你们保证，博尔赫斯的意图清晰明白，确凿无疑——有时我指出文中某一段或某一行晦涩难懂，他会立即主动修改，让西班牙语版明白无误。

麦克沙恩：这些修改是否意味着会有新的西班牙语版本？

迪·乔瓦尼：我刚才所说的是指新作品，它们还是手稿。我们在早期的故事中也发现了一些不足之处，然后修订了西班牙语版重新出版。举一个简单的例子，发生在《死于自己的迷宫的阿本哈坎-艾尔-波哈里》[1]这个故事里。博尔赫斯在故事结尾写道，两个人物"在三四个晚上之后"在一家酒吧见了面。在这一段文字的后面，其中的一个提到了他们"在前一天晚上"的会面。《纽约客》的编辑向我们指出，上下文不一致。我们立刻把英语和西班牙语版本都改为"在两个晚上之后"。当然，我们认识的一个教授发牢骚，说博尔赫斯任

---

1 收录于《阿莱夫》。

意改动自己的作品；他认为这种前后不一致别有生趣，觉得我们多此一举。我问他是否看出前后不一，他说没有。博尔赫斯有些不高兴。首先，他觉得这种笔误一点也不迷人；其次，他觉得自己的作品自己有权想怎么修改就怎么修改。与博尔赫斯合作的最难得之处是，他只感兴趣于将事情做得更好，而不是为一篇文字辩护。

博尔赫斯：不，但愿此事不再发生！

迪·乔瓦尼：恐怕很多作者都会对自己的原作珍惜有加。

博尔赫斯：当然，诗歌是非常神秘的。以下是莎士比亚的几行诗，在提到在以色列的基督时，他说：

Over whose acres walk'd those blessed feet,

Which, fourteen hundred years ago, were nail'd,

For our advantage, on the bitter crose.[1]

1　引自莎士比亚戏剧《亨利四世》：
　　一千四百年以前，走在这片土地上的
　　有福之脚，为了我们的拯救，
　　被钉在了痛苦的十字架上。

这么说吧，我不知道用"advantage"（利益）这个词来表示"salvation"（拯救）在那个时候是否常见，或者说这是不是莎士比亚的个人天赋。这个字在那时用得正确，却是一个非常不寻常的词——这个词如果翻译成西班牙语，是"a la ventaja nuestra"（对我们有利）。然而，如果合情合理、恰如其分地加以解释，这个词没有用错。

麦克沙恩：是不是因为上下文而得以成立？

博尔赫斯：当然，但是有些事难以解释，神秘莫测。你觉得"advantage"在这儿用得没错——在某种意义上说，这个词不是很美，但听起来又觉得没用错。在十七世纪，"advantage"可能是这样用的。

麦克沙恩：意思是"salvation"？

博尔赫斯：是的，神学家是这样用的。所以，在那个时候，这行诗可能并不像今天那么美。如今，"advantage"这个词却有出其不意的效果。我很感激莎士比亚，但是，就我们所知，也许时间成全了文字。

迪·乔瓦尼：在结束之前，我想举一个例子说明博尔赫斯对自己文字的态度。一天下午，我在给他念《猜测的诗》

的初稿时，他让我停下，把我下面要念的那句话，用西班牙语大声说了出来——"se ciernen sobre mí"（迫近我身上）——他写诗时是用英语想象，然后翻译成西班牙语。他说，他的英语原句是"loom over me"（阴森森地逼近）。我不为所动，读了我的句子，"勒紧了围在我身上的绞索"。他没有说，"嘿，对不起，应该是'阴森森地逼近我'"。他对我说，保留我的措辞，这比他的用词效果更好。

博尔赫斯：我认为"loom"这个字很美——缓缓的声音，缓缓的行动。loom，loom，loom。但他是对的。

附　录

作家的学徒生涯

诗人的职业、作家的职业，是个奇怪的职业。切斯特顿说："只有一件事不可或缺——一切。"对一个作家来说，这所有的一切不仅仅是一个包罗万象的词；它是实实在在的。它代表了主要的、不可缺少的人类经验。例如，一个作家需要孤独，他得到孤独。他需要爱，他得到共享的爱，也得到独享的爱。他需要友谊。事实上，他需要整个宇宙。在某种意义上说，成为一个作家就是做一个白日梦想家——过着一种双重生活。

早在一九二三年，我就出版了第一本书《布宜诺斯艾利斯激情》。这本书并不是在赞美布宜诺斯艾利斯。我试图表达我对自己城市的感受。我知道自己当时还需要许多东西，虽然生活在书香门第——我父亲是个文人——不过,这还不够。我需要的不止这些,我最终在友谊和文学对话中找到了这一切。

一所伟大的大学应该给予年轻作家的恰恰是:对话、讨论、求同的艺术、求异的艺术,后者也许是最重要的。在这些基础上,也许会有一天,年轻作家跃跃欲试,将自己的情感转化为诗歌。当然,他一开始应该先模仿他喜欢的作家。这是作者失去自我而成为自我的方法——一种奇怪的双重生活的方式,在尽享现实生活的同时,生活在另一种现实中,他必须创造的现实,他梦想的现实。

这是哥伦比亚大学艺术学院写作课程的基本目标。我代表哥伦比亚大学的许多年轻人发言,他们正在努力成为作家,尚没有发现自己的声音。我最近在这里待了两个星期,给如饥似渴的学生作家讲课。我能够明白这些讲习班对他们意味着什么;我可以看到他们对文学的进步有多重要。在我自己的土地上,年轻人没有被给予这样的机会。

让我们想想那些还默默无闻的诗人、默默无闻的作家,他们应该被聚集在一起,团结在一起。我相信,我们有责任帮助这些未来的贡献者,最终发现自己,成为伟大文学的一部分。文学不仅仅是文字把戏；重要的是欲言又止、字里行间的言外之意。如果不是因为这种深刻的内心感觉，文学不过是一场文字游戏而已。我们都知道，文学远远不是文字游戏。

我们都享受当读者的乐趣，但作家还有写作的乐趣和任务。写作不仅是一种奇特的经历，而且是有回报的经历。我们欠所有年轻作家相聚一起的机会，求同求异的机会，最终掌握写作技巧的机会。

豪尔赫·路易斯·博尔赫斯

《一九六八年六月》西班牙语原文

JUNIO, 1968

En la tarde de oro
o en una serenidad cuyo símbolo
podría ser la tarde de oro,
el hombre dispone los libros
en los anaqueles que aguardan
y siente el pergamino, el cuero, la tela
y el agrado que dan
la previsión de un hábito
y el establecimiento de un orden.
Stevenson y el otro escocés, Andrew Lang,
reanudarán aquí, de manera mágica,
la lenta discusión que interrumpieron
los mares y la muerte
y a Reyes no le desagradará ciertamente
la cercanía de Virgilio.
(Ordenar bibliotecas es ejercer,
de un modo silencioso y modesto,
el arte de la crítica.)

El hombre que está ciego,
sabe que ya no podrá descifrar
los hermosos volúmenes que maneja
y que no le ayudarán a escribir
el libro que lo justificará ante los otros,
pero en la tarde que es acaso de oro
sonríe ante el curioso destino
y siente esa felicidad peculiar
de las viejas cosas queridas.

《一九六八年六月》英语译文

On a golden evening,
or in a quietness whose symbol
might be a golden evening,
a man sets up his books
on the waiting shelves,
feeling the parchment and leather and cloth
and the satisfaction given by
the anticipation of a habit
and the establishment of order.
Stevenson and that other Scotsman, Andrew Lang,
will here pick up again, in a magic way,
the leisurely conversation broken off
by oceans and by death,
and Alfonso Reyes surely will be pleased
to share space close to Virgil.
(To arrange a library is to practice,
in a quiet and modest way,
the art of criticism.)

The man, who is blind,
knows that he can no longer read
the handsome volumes he handles
and that they will not help him write
the book which in the end might justify him,
but on this evening that perhaps is golden
he smiles at his strange fate
and feels that special happiness
which comes from things we know and love.

《书籍保管人》西班牙语原文

EL GUARDIÁN DE LOS LIBROS

Ahí están los jardines, los templos y la justificación de los templos,
la recta música y las rectas palabras,
los sesenta y cuatro hexagramas,
los ritos que son la única sabiduría
que otorga el Firmamento a los hombres,
el decoro de aquel emperador
cuya serenidad fue reflejada por el mundo, su espejo,
de suerte que los campos daban sus frutos
y los torrentes respetaban sus márgenes,
el unicornio herido que regresa para marcar el fin,
las secretas leyes eternas,
el concierto del orbe;
esas cosas o su memoria están en los libros
que custodio en la torre.

Los tártaros vinieron del Norte
en crinados potros pequeños;
aniquilaron los ejércitos

que el Hijo del Cielo mandó para castigar su impiedad,
erigieron pirámides de fuego y cortaron gargantas,
mataron al perverso y al Justo,
mataron al esclavo encadenado que vigila la puerta,
usaron y olvidaron a las mujeres
y siguieron al Sur,
inocentes como animales de presa,
crueles como cuchillos.
En el alba dudosa
el padre de mi padre salvó los libros.
Aquí están en la torre donde yazgo,
recordando los días que fueron de otros,
los ajenos y antiguos.

En mis ojos no hay días. Los anaqueles
están muy altos y no los alcanzan mis años.
Leguas de polvo y sueño cercan la torre.
¿A qué engañarme?
La verdad es que nunca he sabido leer,
pero me consuelo pensando
que lo imaginado y lo pasado ya son lo mismo
para un hombre que ha sido
y que contempla lo que fue la ciudad
y ahora vuelve a ser el desierto.
¿Qué me impide soñar que alguna vez
descifré la sabiduría

y dibujé con aplicada mano los símbolos?
Mi nombre es Hsiang. Soy el que custodia los libros,
que acaso son los últimos,
porque nada sabemos del Imperio
y del Hijo del Cielo.

Ahí están en los altos anaqueles,
cercanos y lejanos a un tiempo,
secretos y visibles como los astros.
Ahí están los jardines, los templos.

《书籍保管人》英语译文

THE KEEPER OF THE BOOKS

Here they stand: gardens and temples and the reason for temples;
exact music and exact words;
the sixty-four hexagrams;
ceremonies, which are the only wisdom
that the Firmament accords to men;
the conduct of that emperor
whose perfect rule was reflected in the world, which mirrored him,
so that rivers held their banks
and fields gave up their fruit;
the wounded unicorn that's glimpsed again, marking an era's close;
the secret and eternal laws;
the harmony of the world.
These things or their memory are here in books
that I watch over in my tower.

On small shaggy horses,
the Mongols swept down from the North
destroying the armies

ordered by the Son of Heaven to punish their desecrations.
They cut throats and sent up pyramids of fire,
slaughtering the wicked and the just,
slaughtering the slave chained to his master's door,
using the women and casting them off.
And on to the South they rode,
innocent as animals of prey,
cruel as knives.
In the faltering dawn
my father's father saved the books.
Here they are in this tower where I lie
calling back days that belonged to others,
distant days, the days of the past.

In my eyes there are no days. The shelves
stand very high, beyond the reach of my years,
and leagues of dust and sleep surround the tower.
Why go on deluding myself?
The truth is that I never learned to read,
but it comforts me to think
that what's imaginary and what's past are the same
to a man whose life is nearly over,
who looks out from his tower on what once was city
and now turns back to wilderness.
Who can keep me from dreaming that there was a time
when I deciphered wisdom

and lettered characters with a careful hand?
My name is Hsiang. I am the keeper of the books—
these books which are perhaps the last,
for we know nothing of the Son of Heaven
or of the Empire's fate.
Here on these high shelves they stand,
at the same time near and far,
secret and visible, like the stars.
Here they stand—gardens, temples.

《卫兵》西班牙语原文

El centinela

Entra la luz y me recuerdo; ahí está.

Empieza por decirme su nombre, que es (ya se entiende) el mío.

Vuelvo a la esclavitud que ha durado más de siete veces diez años.

Me impone su memoria.

Me impone las miserias de cada día, la condición humana.

Soy su viejo enfermero; me obliga a que le lave los pies.

Me acecha en los espejos, en la caoba, en los cristales de las tiendas.

Una u otra mujer lo ha rechazado y debo compartir su congoja.

Me dicta ahora este poema, que no me gusta.

Me exige el nebuloso aprendizaje del terco anglosajón.

Me ha convertido al culto idolátrico de militares muertos,

      con los que acaso no podría cambiar una sola palabra.

En el último tramo de la escalera siento que está a mi lado.

Está en mis pasos, en mi voz.

Minuciosamente lo odio.

Advierto con fruición que casi no ve.

Estoy en una celda circular y el infinito muro se estrecha.

Ninguno de los dos engaña al otro, pero los dos mentimos.

Nos conocemos demasiado, inseparable hermano.
Bebes el agua de mi copa y devoras mi pan.
La puerta del suicida está abierta, pero los teólogos afirman que
en la sombra ulterior del otro reino estaré yo, esperándome.

《卫兵》英语译文

THE WATCHER

The light comes in and I awake. There he is.

He starts by telling me his name, which is (of course) my own.

I return to the slavery that's lasted more than seven times ten years.

He thrusts his memory on me.

He thrusts on me the petty drudgery of each day, the fact of dwelling
      in a body.

I am his old nurse; he makes me wash his feet.

He lies in wait for me in mirrors, in mahogany, in shopwindows.

Some woman or other has rejected him and I must share his hurt.

He now dictates this poem to me, and I do not like it.

He forces me into the hazy apprenticeship of stubborn Anglo-Saxon.

He has converted me to the idolatrous worship of dead soldiers,

to whom perhaps I would have nothing to say.

At the last flight of the stairs, I feel him by my side.

He is in my steps, in my voice.

I hate everything about him.

I note with satisfaction that he can barely see.

I'm inside a circular cell and the endless wall is closing in.

Neither of us deceives the other, but both of us are lying.
We know each other too well, inseparable brother.
You drink the water from my cup and eat my bread.
The door of suicide is open, but theologians hold
that I'll be there in the far shadow of the other kingdom, waiting for
    myself.

《塔德奥·伊西多罗·克鲁斯小传（1829—1874）》
西班牙语原文

I'm looking for the face I had
Before the world was made.

Yeats: The winding stair.

El seis de febrero de 1829, los montoneros que, hostigados ya por Lavalle, marchaban desde el Sur para incorporarse a las divisiones de López, hicieron alto en una estancia cuyo nombre ignoraban, a tres o cuatro leguas del Pergamino; hacia el alba, uno de los hombres tuvo una pesadilla tenaz: en la penumbra del galpón, el confuso grito despertó a la mujer que dormía con él.

《塔德奥·伊西多罗·克鲁斯小传（1829—1874）》
英语译文

I'm looking for the face I had
Before the world was made.

Yeats: The winding stair.

On the sixth of February, 1829, a troop of gaucho militia, harried all day by Lavalle on their march north to join the army under the command of López, made a halt some nine or ten miles from Pergamino at a ranch whose name they did not know. Along about dawn, one of the men had a haunting nightmare and, in the dim shadow of a shed where he lay sleeping, his confused outcry woke the woman who shared his bed.

Invocación A Joyce

Dispersos en dispersas capitales,
solitarios y muchos,
jugábamos a ser el primer Adán
que dio nombre a las cosas.
Por los vastos declives de la noche
que lindan con la aurora,
buscamos (lo recuerdo aún) las palabras
de la luna, de la muerte, de la mañana
y de los otros hábitos del hombre.
Fuimos el imagismo, el cubismo,
los conventículos y sectas
que las crédulas universidades veneran.
Inventamos la falta de puntuación,
la omisión de mayúsculas,
las estrofas en forma de paloma
de los bibliotecarios de Alejandría.
Ceniza, la labor de nuestras manos
y un fuego ardiente nuestra fe.
Tú, mientras tanto, forjabas

en las ciudades del destierro,
en aquel destierro que fue
tu aborrecido y elegido instrumento,
el arma de tu arte,
erigías tus arduos laberintos,
infinitesimales e infinitos,
admirablemente mezquinos,
más populosos que la historia.
Habremos muerto sin haber divisado
la biforme fiera o la rosa
que son el centro de tu dédalo,
pero la memoria tiene sus talismanes,
sus ecos de Virgilio,
y así en las calles de la noche perduran
tus infiernos espléndidos,
tantas cadencias y metáforas tuyas,
los oros de tu sombra.
Qué importa nuestra cobardía si hay en la tierra
un solo hombre valiente,
qué importa la tristeza si hubo en el tiempo
alguien que se dijo feliz,
qué importa mi perdida generación,
ese vago espejo,
si tus libros la justifican.
Yo soy los otros. Yo soy todos aquellos
que ha rescatado tu obstinado rigor.
Soy losque no conoces y los que salvas.

《召唤乔伊斯》英语译文

INVOCATION TO JOYCE

Scattered over scattered cities,
alone and many
we played at being that Adam
who gave names to all living things.
Down the long slopes of night
that border on the dawn,
we sought (I still remember) words
for the moon, for death, for the morning,
and for man's other habits.
We were imagism, cubism,
the conventicles and sects
respected now by credulous universities.
We invented the omission of punctuation
and capital letters,
stanzas in the shape of a dove
from the librarians of Alexandria.
Ashes, the labor of our hands,
and a burning fire our faith.
You, all the while,

in cities of exile,
in that exile that was
your detested and chosen instrument,
the weapon of your craft,
erected your pathless labyrinths,
infinitesimal and infinite,
wondrously paltry,
more populous than history.
We shall die without sighting
the twofold beast or the rose
that are the center of your maze,
but memory holds its talismans,
its echoes of Virgil,
and so in the streets of night
your splendid hells survive,
so many of your cadences and metaphors,
the treasures of your darkness.
What does our cowardice matter if on this earth
there is one brave man,
what does sadness matter if in time past
somebody thought himself happy,
what does my lost generation matter,
that dim mirror,
if your books justify us?
I am the others. I am all those
who have been rescued by your pains and care.
I am those unknown to you and saved by you.

《〈约翰福音〉第一章第十四节》西班牙语原文

JUAN, I, 14

No será menos un enigma esta hoja
que las de Mis libros sagrados
ni aquellas otras que repiten
las bocas ignorantes,
creyéndolas de un hombre, no espejos
oscuros del Espíritu.
Yo que soy el Es, el Fue y el Será,
vuelvo a condescender al lenguaje,
que es tiempo sucesivo y emblema.
Quien juega con un niño juega con algo
cercano y misterioso;
yo quise jugar con Mis hijos.
Estuve entre ellos con asombro y ternura.
Por obra de una magia
nací curiosamente de un vientre.
Viví hechizado, encarcelado en un cuerpo
y en la humildad de un alma.
Conocí la memoria,

esa moneda que no es nunca la misma.
Conocí la esperanza y el temor,
esos dos rostros del incierto futuro.
Conocí la vigilia, el sueño, los sueños,
la ignorancia, la carne,
los torpes laberintos de la razón,
la amistad de los hombres,
la misteriosa devoción de los perros.
Fui amado, comprendido, alabado y pendí de una cruz.
Bebí la copa hasta las heces.
Vi por Mis ojos lo que nunca había visto:
la noche y sus estrellas.
Conocí lo pulido, lo arenoso, lo desparejo, lo áspero,
el sabor de la miel y de la manzana,
el agua en la garganta de la sed,
el peso de un metal en la palma,
la voz humana, el rumor de unos pasos sobre la hierba,
el olor de la lluvia en Galilea,
el alto grito de los pájaros.
Conocí también la amargura.
He encomendado esta escritura a un hombre cualquiera;
no será nunca lo que quiero decir,
no dejará de ser su reflejo.
Desde Mi eternidad caen estos signos.
Que otro, no el que es ahora su amanuense, escriba el poema.
Mañana seré un tigre entre los tigres

y predicaré Mi ley a su selva,
a un gran árbol en Asia.
A veces pienso con nostalgia
en el olor de esa carpintería.

《〈约翰福音〉第一章第十四节》英语译文

JOHN 1: 14

This page will be no less a riddle
than those of My holy books
or those others repeated
by ignorant mouths
believing them the handiwork of a man,
not the Spirit's dark mirrors.
I who am the Was, the Is, and the Is To Come
again condescend to the written word,
which is time in succession and no more than an emblem.
Who plays with a child plays with something
near and mysterious;
wanting once to play with My children,
I stood among them with awe and tenderness.
I was born of a womb
by an act of magic.
I lived under a spell, imprisoned in a body,
in the humbleness of a soul.
I knew memory,

that coin that's never twice the same.
I knew hope and fear,
those twin faces of the uncertain future.
I knew wakefulness, sleep, dreams,
ignorance, the flesh,
reason's roundabout labyrinths,
the friendship of men,
the blind devotion of dogs.
I was loved, understood, praised, and hung from a cross.
I drank My cup to the dregs.
My eyes saw what they had never seen—
night and its many stars.
I knew things smooth and gritty, uneven and rough,
the taste of honey and apple,
water in the throat of thirst,
the weight of metal in the hand,
the human voice, the sound of footsteps on the grass,
the smell of rain in Galilee,
the cry of birds on high.
I knew bitterness as well.
I have entrusted the writing of these words to a common man;
they will never be what I want to say
but only their shadow.
These signs are dropped from My eternity.
Let someone else write the poem, not he who is now its scribe.
Tomorrow I shall be a great tree in Asia,

or a tiger among tigers
preaching My law to the tiger's woods.
Sometimes homesick, I think back
on the smell of that carpenter's shop.

《纪念胡宁战役的胜利者苏亚雷斯上校的诗篇》
西班牙语原文

Página Para Recordar al Coronel Suárez, Vencedor en Junín

Qué importan las penurias, el destierro,
la humillación de envejecer, la sombra creciente
del dictador sobre la patria, la casa en el Barrio del Alto
que vendieron sus hermanos mientras guerreaba, los días inútiles
(los días que uno espera olvidar, los días que uno sabe que olvidará).
si tuvo su hora alta, a caballo,
en la visible pampa de Junín como en un escenario para el futuro,
como si el anfiteatro de montañas fuera el futura.

Qué importa el tiempo sucesivo si en él
hubo una plenitud, un éxtasis, una tarde.

Sirvió trece años en las guerras de América. Al fin la suerte lo llevó
al Estado Oriental, campos del Río Negro.
En los atardeceres pensaría
que para él había florecido esa rosa:

la encarnada batalla de Junín, el instante infinito
en que las lanzas se tocaron, la orden que movió la batalla,
la derrota inicial, y entre los fragores
(no menos brusca para él que para la tropa)
su voz gritando a los peruanos que arremetieran,
la luz, el ímpetu y la fatalidad de la carga,
el furioso laberinto de los ejércitos,
la batalla de lanzas en la que no retumbó un solo tiro,
el *godo* que atravesó con el hierro,
la victoria, la felicidad, la fatiga, un principio de sueño,
y la gente muriendo entre los pantanos,
y Bolívar pronunciando palabras sin duda históricas
y el sol ya occidental y el recuperado sabor del agua y del vino,
y aquel muerto sin cara porque la pisó y la borró la batalla...

Su bisnieto escribe estos versos y una tácita voz
desde lo antiguo de la sangre le llega:
—Qué importa mi batalla de Junín si es una gloriosa memoria,
una fecha que se aprende para un examen o un lugar en el atlas.
La batalla es eterna y puede prescindir de la pompa
de visibles ejércitos con clarines:
Junín son dos civiles que en una esquina maldicen a un tirano,
o un hombre oscuro que se muere en la cárcel.

1953

《纪念胡宁战役的胜利者苏亚雷斯上校的诗篇》
英语译文第一稿

A Page to Commemorate Colonel Suárez, Victor at Junín

What do they matter now, the deprivations,
the alienation, the frustrations of growing old,
the dictator's shadow spreading across the land, the house
in the Barrio del Alto, which his brothers sold while he fought,
the useless days
(those one hopes to forget, those one knows are forgettable),
when he had, at least, his burning hour, on horseback
on the clear plains of Junín, a setting for the future?

What matters the flow of time, if he knew
that fullness, that ecstasy, that afternoon?

He served three years in the American Wars; and then
luck took him to Uruguay, to the banks of the Río Negro.
In the dying afternoons, he would think
that somehow, for him, a rose had burst into flower,
taken flesh in the battle of Junín, the ever-extending moment
when the lances clashed, the order which shaped the battle,

the initial defeat, and in the uproar
(no less harsh for him than for the army),
his voice crying out at the attacking Peruvians,
the light, the force, the fatefulness of the charge,
the teeming labyrinths of foot soldiers,
the crossing of lances, when no shot resounded,
the Spaniard fighting with a reckless sword,
the victory, the luck, the exhaustion, a dream beginning,
and the men dying among the swamps,
and Bolívar uttering words which were marked for history,
and the sun, in the west by now, and, anew, the taste
of wine and water,
and death, that death without a face,
for the battle had trampled over it, effaced it...

His great-grandson is writing these lines,
and a silent voice comes to him out of the past,
out of the blood:

"What does my battle at Junín matter if it is only
a glorious memory, or a date learned by rote
for an examination, or a place in the atlas?
The battle is everlasting, and can do without
the pomp of the obvious armies with their trumpets;
Junín is two civilians cursing a tyrant
on a street corner,
or an unknown man somewhere, dying in prison."

1953

《纪念胡宁战役的胜利者苏亚雷斯上校的诗篇》 英语译文修改稿

A PAGE TO COMMEMORATE COLONEL SUÁREZ, VICTOR AT JUNÍN

What do they matter now, the deprivations,
exile, the ignominies of growing old,
the dictator's shadow spreading across the land, the house
in the Barrio del Alto, which his brothers sold while he fought,
the pointless days (days one hopes to forget,
days one knows are forgettable),
when he had at least his burning hour on horseback
on the plateau of Junín, a stage for the future,
as if that mountain stage itself were the future?

What is time's monotony to him, who knew
that fulfillment, that ecstasy, that afternoon?

Thirteen years he served in the Wars of Independence. Then
fate took him to Uruguay, to the banks of the Río Negro.
In the dying afternoons he would think

of his moment which had flowered like a rose—
the crimson battle of Junín, the enduring moment
in which the lances crossed, the order of battle,
defeat at first, and in the uproar
(as astonishing to him as to the army)
his voice urging the Peruvians to the attack,
the thrill, the drive, the decisiveness of the charge,
the seething labyrinth of cavalries,
clash of the lances (not a single shot fired),
the Spaniard he ran through with his spear,
the headiness of victory, the exhaustion, the drowsiness descending,
and the men dying in the marshes,
and Bolívar uttering words earmarked no doubt for history,
and the sun in the west by now, and water and wine
tasted as for the first time, and that dead man
whose face the battle had trampled on and obliterated....

His great-grandson is writing these lines,
and a silent voice comes to him out of the past,
out of the blood:

"What does my battle at Junín matter if it is only
a glorious memory, or a date learned by rote
for an examination, or a place in the atlas?
The battle is everlasting and can do without
the pomp of actual armies and of trumpets.

Junín is two civilians cursing a tyrant
on a street corner,
or an unknown man somewhere, dying in prison."

1953

《猜测的诗》西班牙语原文

POEMA CONJETURAL

El doctor Francisco Laprida, asesinado el día
22 de setiembre de 1829, por los montoneros
de Aldao, piensa antes de morir:

Zumban las balas en la tarde última.
Hay viento y hay cenizas en el viento,
se dispersan el día y la batalla
deforme, y la victoria es de los otros.
Vencen los bárbaros, los gauchos vencen.
Yo, que estudié las leyes y los cánones,
yo, Francisco Narciso de Laprida,
cuya voz declaró la independencia
de estas crueles provincias, derrotado,
de sangre y de sudor manchado el rostro,
sin esperanza ni temor, perdido,
huyo hacia el Sur por arrabales últimos.
Como aquel capitán del Purgatorio
que, huyendo a pie y ensangrentando el llano,

fue cegado y tumbado por la muerte
donde un oscuro río pierde el nombre,
así habré de caer. Hoy es el término.
La noche lateral de los pantanos
me acecha y me demora. Oigo los cascos
de mi caliente muerte que me busca
con jinetes, con belfos y con lanzas.

Yo que anhelé ser otro, ser un hombre
de sentencias, de libros, de dictámenes,
a cielo abierto yaceré entre ciénagas;
pero me endiosa el pecho inexplicable
un júbilo secreto. Al fin me encuentro
con mi destino sudamericano.
A esta ruinosa tarde me llevaba
el laberinto múltiple de pasos
que mis días tejieron desde un día
de la niñez. Al fin he descubierto
la recóndita clave de mis años,
la suerte de Francisco de Laprida,
la letra que faltaba, la perfecta
forma que supo Dios desde el principio.
En el espejo de esta noche alcanzo
mi insospechado rostro eterno. El círculo
se va a cerrar. Yo aguardo que así sea.

Pisan mis pies la sombra de las lanzas
que me buscan. Las befas de mi muerte,
los jinetes, las crines, los caballos,
se ciernen sobre mí... Ya el primer golpe,
ya el duro hierro que me raja el pecho,
el íntimo cuchillo en la garganta.

1943

CONJECTURAL POEM

*Doctor Francisco Laprida, set upon and
killed the 22nd of September 1829
by a band of gaucho militia serving
under Aldao, reflects before he dies:*

Bullets whip the air this last afternoon.
A wind is up, blowing full of cinders
as the day and this chaotic battle
straggle to a close. The gauchos have won:
victory is theirs, the barbarians'.
I, Francisco Narciso Laprida,
who studied both canon law and civil
and whose voice declared the independence
of this entire untamed territory,
in defeat, my face marked by blood and sweat,
holding neither hope nor fear, the way lost,
strike out for the South through the back country.
Like that captain in *Purgatorio*

who fleeing on foot left blood on the plain
and was blinded and then trampled by death
where an obscure river loses its name,
so I too will fall. Today is the end.
The night and to right and left the marshes—
in ambush, clogging my steps. I hear the
hooves of my own hot death riding me down
with horsemen, frothing muzzles, and lances.

I who longed to be someone else, to weigh
judgments, to read books, to hand down the law,
will lie in the open out in these swamps;
but a secret joy somehow swells my breast.
I see at last that I am face to face
with my South American destiny.
I was carried to this ruinous hour
by the intricate labyrinth of steps
woven by my days from a day that goes
back to my birth. At last I've discovered
the mysterious key to all my years,
the fate of Francisco de Laprida,
the missing letter, the perfect pattern
that was known to God from the beginning.
In this night's mirror I can comprehend
my unsuspected true face. The circle's
about to close. I wait to let it come.

My feet tread the shadows of the lances
that spar for the kill. The taunts of my death,
the horses, the horsemen, the horses' manes,
tighten the ring around me.... Now the first
blow, the lance's hard steel ripping my chest,
and across my throat the intimate knife.

1943

专有名词表

Kafka, Franz　弗朗兹·卡夫卡
Keats, John　约翰·济慈
Kipling, Rudyard　鲁德亚德·吉卜林
Klemm, Wilhelm　威廉·克莱姆

Lane, Edward William　爱德华·威廉·莱恩
Lang, Andrew　安德鲁·兰
Leaves of Grass　《草叶集》
littérature engagée　"介入文学"
local color　地方色彩
London, Jack　杰克·伦敦
Lugones, Leopoldo　莱奥波尔多·卢贡内斯
Lunario sentimental　《伤感的月历》

Mallarmé, Stéphane　斯特凡·马拉美
Martín Fierro　《马丁·菲耶罗》
Masters, Edgar Lee　埃·李·马斯特斯
Merwin, W.S.　威·斯·默温（比尔·默温）
Metaphor　隐喻
Milton, John　约翰·弥尔顿
Moonstone, The　《月亮宝石》
Moore, George　乔治·摩尔
Moss, Howard　霍华德·莫斯

Nación, La　《国家报》
New Yorker, The　《纽约客》
novel　小说

Paredes, Nicolás　尼古拉斯·帕雷德斯
Phillpotts, Eden　伊登·菲尔波茨
Picture of Dorian Gray, The　《道林·葛雷的画像》
plagiarism　剽窃

Sternberg, Josef von　约瑟夫·冯·斯登堡

Stevenson, Robert Louis　罗伯特·路易斯·斯蒂文森

Stramm, August　奥古斯特·斯特拉姆

suicide　自杀

Sur　《南方》

surrealism　超现实主义

Swedenborg, Emanuel　埃马纽埃尔·斯威登堡

Swift, Johathan　乔纳森·斯威夫特

Swinburne, Algernon　阿尔格侬·斯温伯恩

Thousand and One Nights, The　《一千零一夜》

　　　See also *Arabian Nights*　参见　《天方夜谭》

Through the Looking-Glass　《爱丽丝镜中奇遇记》

translation　翻译

　　　and archaisms　与古词

　　　and dialogue　与对话

　　　literal　字面（翻译）

　　　and mistranslation　与误译

　　　and modernisms　与现代主义

　　　and recreation　与再创作

　　　sight　即席（翻译）

　　　and slang　与俚语

　　　and transliteration　与意译

Twain, Mark　马克·吐温

University of Oklahoma　俄克拉何马大学

Untitled Subjects　《无题》

Updike, John　约翰·厄普代克

"Urne-Buriall"　《瓮葬》

verisimilitude　逼真

verse, free　自由体诗

JORGE LUIS BORGES
DANIEL HALPERN
NORMAN THOMAS DI GIOVANNI
FRANK MCSHANE
Borges on writing

图字：09-2020-589号

图书在版编目（CIP）数据

博尔赫斯，写作课/（阿根廷）豪尔赫·路易斯·博
尔赫斯著；（美）丹尼尔·哈尔彭，（美）诺尔曼·托马
斯·迪·乔瓦尼，（美）弗兰克·麦克沙恩编；王人力译
. — 上海：上海译文出版社，2023.4（2023.10重印）
（博尔赫斯全集）
书名原文：Borges on writing
ISBN 978-7-5327-9072-2

Ⅰ.①博… Ⅱ.①豪… ②丹… ③诺… ④弗… ⑤王
… Ⅲ.①写作－方法 Ⅳ.①H052

中国国家版本馆CIP数据核字（2023）第034341号

博尔赫斯，写作课	[阿根廷] 豪尔赫·路易斯·博尔赫斯　著	责任编辑　缪伶超
Borges on writing	[美] 丹尼尔·哈尔彭、诺尔曼·托马斯·迪·乔瓦尼、弗兰克·麦克沙恩　编	装帧设计　陆智昌
	王人力　译	

上海译文出版社有限公司出版、发行
网址：www.yiwen.com.cn
201101 上海市闵行区号景路159弄B座
杭州宏雅印刷有限公司印刷

开本850×1168　1/32　印张7.75　插页6　字数72,000
2023年5月第1版　2023年10月第2次印刷

ISBN 978-7-5327-9072-2/I·5638
定价：65.00元